Inhalt

In der Schule

Wir sind wieder da

1 Wer macht was?
Frage deine Mitschüler!

Wir sind auch wieder da!

Fußball spielen

Selina, Paul,

Bänder knüpfen

Fahrrad fahren

⭐ Was mögen deine Lehrer gern?

Fragen beantworten

1 Beantworte die Fragen!

Sport

Musik

Englisch

Deutsch

Auf welches Fach freust du dich?

Wer sitzt neben dir?

Hast du eine neue Federmappe?

Wie heißt dein Klassenlehrer?

 Male und schreibe zu deinem Lieblingsfach!

Besondere Substantive

1 Setze die Substantive ein!

So ein *Schreck*

Nach den _____ hat Hannes verschlafen.

Zum _____ fährt Mama ihn zur Schule.

Im Schulhaus ist _____ , denn es hat schon geklingelt.

Er nimmt allen _____ zusammen und klopft an die Tür.

2 Welche Substantive aus Aufgabe 1 bezeichnen Dinge oder Personen?
Schreibe sie heraus!

_____

3 Ordne die Substantive richtig zu!

die Wut • die Lehrerin • das Glück • die Brille
der Wecker • der Schüler

Gefühle	Dinge	Personen
die Wut		

⭐ Suche Substantive, die keine Dinge oder Personen bezeichnen!
die Luft, ...

Zusammengesetzte Substantive

1 Unterstreiche die zusammengesetzten Substantive!

Das <u>Schuljahr</u> hat begonnen.

Alle Kinder haben neue Schreibhefte und Buntstifte.

Auf dem Stundenplan finden die Schüler ein neues Unterrichtsfach.

Gespannt warten alle auf die erste Englischstunde.

2 Bilde zusammengesetzte Substantive!
Unterstreiche das Grundwort!

bunt — die Stifte → *die Bunt<u>stifte</u>*

bunt — das Papier →

lesen — das Buch →

lesen — die Ecke →

Sport — die Tasche →

Sport — die Halle →

★ Bilde zusammengesetzte Substantive mit deinem Lieblingsfach.

Das Abc und Wörterbucharbeit

 1 Setze die fehlenden Buchstaben ein!
Ordne die Wörter dann nach dem Abc!

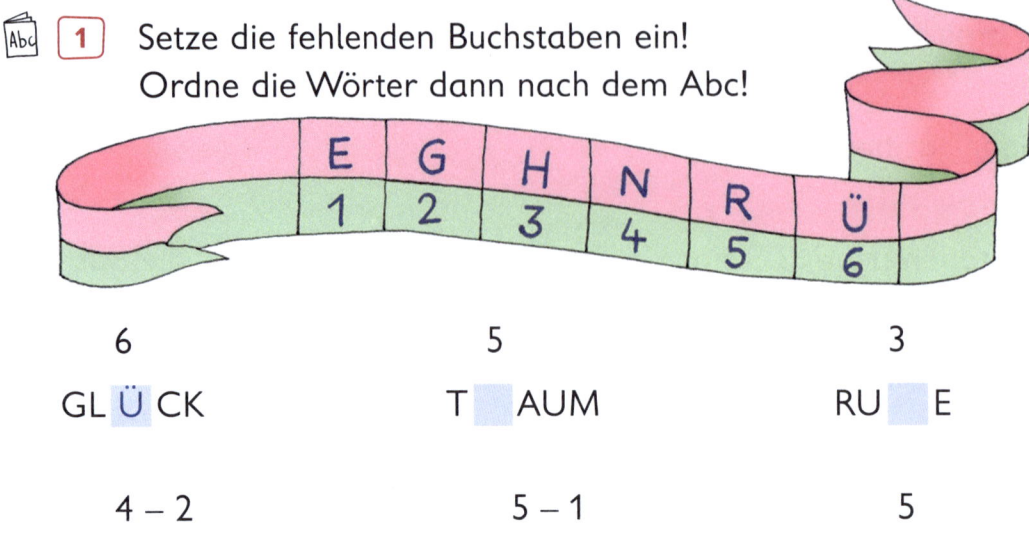

E	G	H	N	R	Ü
1	2	3	4	5	6

6
GL Ü CK

5
T AUM

3
RU E

4 – 2
HU ER

5 – 1
SCH CK

5
DU ST

 2 Ordne nun diese Wörter nach dem Abc!

Hemd • Herbst • helfen • heute • Herz

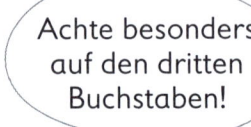 Achte besonders auf den dritten Buchstaben!

 **3** Suche die richtigen Stichwörter im Wörterbuch!
Schreibe sie darunter!

es frisst   du kommst   die Späße   wärmer

fressen

 Suche im Wörterverzeichnis den Buchstaben **O**!
Finde das kürzeste und das längste Wort!

Wörter mit b, d und g in der Wortmitte und am Wortende

 1 Entscheide!

Die Mehrzahl
kann dir helfen!

b oder **p**: die Lu p e, der Sta ☐ , der Die ☐ , die Lam ☐ e, das Sie ☐

g oder **k**: der Zwer ☐ , die Musi ☐ , der Zu ☐ , der Schran ☐ , die Bur ☐

d oder **t**: das Lan ☐ , die Gebur ☐ , das Pake ☐ , der Stran ☐ , der Bran ☐

 2 Bilde die Grundformen zu den Verben!
Entscheide!

b oder **p**	sie schrei ☐ t	*schreiben*	ich ho ☐ se	
d oder **t**	ich hal ☐ e		sie re ☐ et	
g oder **k**	er hän ☐ t		ihr mer ☐ t	

3 Setze die Adjektive ein!   hart • jung • rund • lieb

 ein ☐ Hund    eine ☐ Nuss

 der ☐ Tisch    das ☐ Kind

 Bilde zum Wort **leben** eine Wortfamilie.

Nach den Ferien

Die Klasse 3a trifft sich zum Morgenkreis.

Die Kinder stellen Fragen zum neuen Schuljahr.

Alle haben Ideen.

Es gibt viele Wünsche.

Die Lehrerin hört gespannt zu.

1 Unterstreiche alle Substantive!

2 Ergänze!

Mehrzahl	Einzahl
die Fragen	
die Klassen	
die Wünsche	

3 Bilde zusammengesetzte Substantive!

Grundwort Buch :

_____

Kinder   Seite

_____

Wörter   **BUCH**   Lesung

Bestimmungswort Buch :

_____

_____

4 Unterstreiche die zwei Fehler im zweiten Satz!

Leon <u>schreipt</u> Sätze.

Die Lehrerin brinkt neue Hefte mit und gipt sie aus.

5 Suche die Wörter im Wörterbuch! Berichtige so:

	Seite	Stichwort
schrei **b** t	204	schreiben
brin [ ] t		
gi [ ] t		

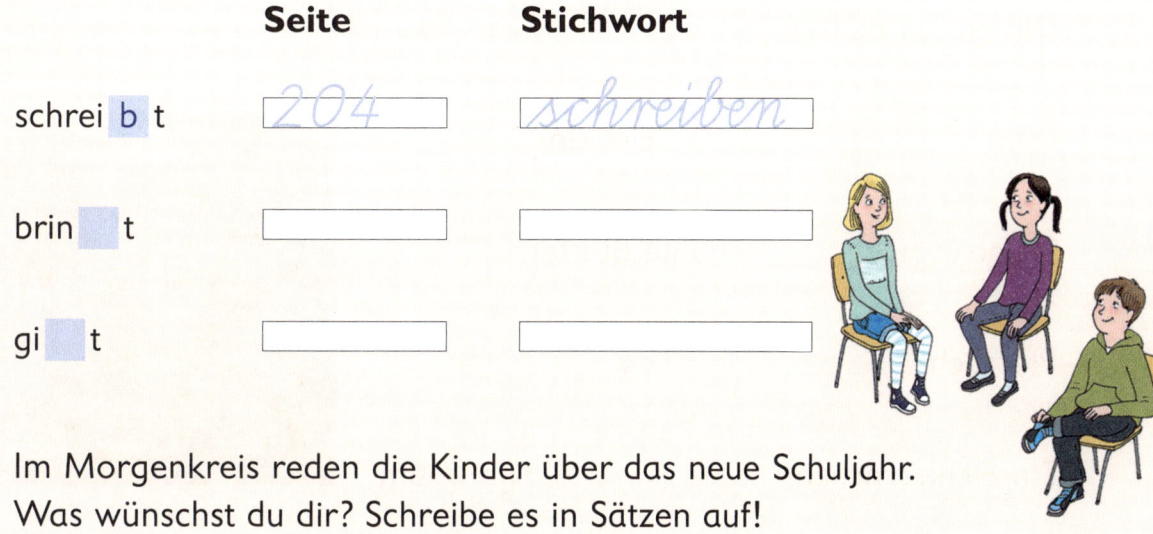

6 Im Morgenkreis reden die Kinder über das neue Schuljahr.
Was wünschst du dir? Schreibe es in Sätzen auf!

Klassenfahrt

Sportfest

Lesenacht

gute Noten

nette Lehrer

viel Spaß

Im Herbst

Verben

1 Setze die Verben in der richtigen Form ein!

Felix und Selina *gehen* durch den Park.

Die ersten Blätter _____ von den Bäumen.

Felix _____ Eicheln.

Selina _____ bunte Blätter.

Plötzlich _____ es.

Ein Eichhörnchen _____ im Baum.

gehen

fallen

sammeln

suchen

rascheln

klettern

2 Was gehört zusammen? Verbinde!

du drehst   du nimmst   er hat   ich rieche   ihr beginnt   du beobachtest

nehmen   drehen   riechen   haben   beobachten   beginnen

3 Finde passende Verben für das Wortfeld!

laufen • hören • rennen

schleichen • spazieren

schlafen • sitzen

laufen

_____   gehen   _____

_____

 Was entdeckst du im Herbst? Schreibe oder male es auf!

Treffende Adjektive

1 Ergänze das Adjektiv im Satz!

bunt   stark   hart   kalt

Die Blätter sind *bunt* .   Am Morgen ist es _____ .

Die Eichel ist _____ .   Der Wind weht _____ .

2 Wie ist die Elster **nicht**? Streiche durch!

schwarz • ~~eckig~~ • schief

laut • diebisch • grün

3 Schreibe Wortgruppen mit treffenden Adjektiven!

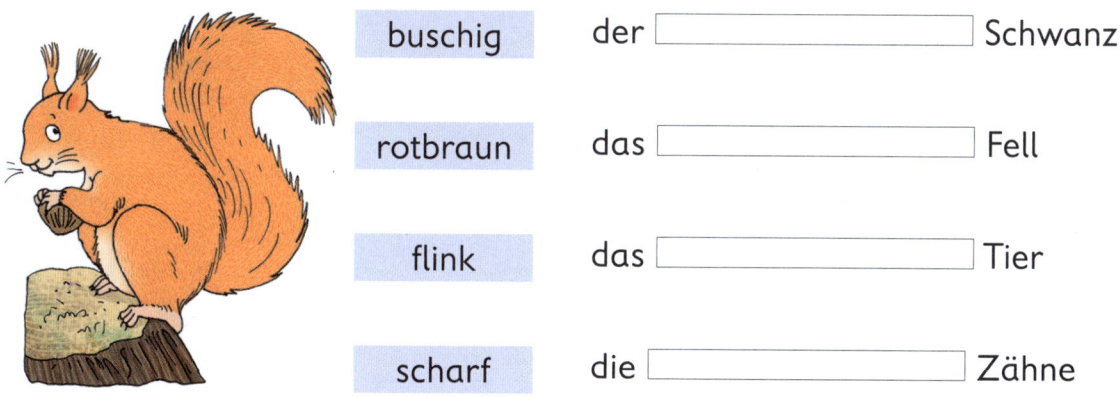

buschig   der _____ Schwanz

rotbraun   das _____ Fell

flink   das _____ Tier

scharf   die _____ Zähne

★ Wie können Blätter im Herbst sein?
Sammle Adjektive!

Wörter mit St/st und Sp/sp

1 Kennzeichne die Wortgrenzen durch Striche!
Schreibe dann die Verben auf!

spazieren|streitenspielensparenstellenstehen

2 Setze die Adjektive ein!

spät	die *späte* Vorstellung	die _____ Stunde
spitz	der _____ Stein	die _____ Zähne
stark	die _____ Mädchen	die _____ Jungen

3 Bilde zusammengesetzte Substantive!

Sand • Strand
Strand • Hut

 *der Sandstrand*

Wand • Spiegel
Spiegel • Bild

 Sprich diesen Satz so schnell du kannst!
Mein Spitzer spitzt Stifte spitz.

Wörter mit ch

1 Unterstreiche alle Wörter mit **ch**!

Auf dem Schulhof beobachtet Tim Regenwürmer.

Das sind nützliche Tiere.

Bei feuchtem Wetter kriechen sie nach oben.

Regenwürmer sind empfindlich.

Deshalb muss Tim vorsichtig sein.

2 Schreibe die unterstrichenen Wörter heraus! Ordne zu!

Adjektive

nützliche

Verben

 3 Suche die Wörter im Wörterverzeichnis!
Schreibe das richtige Wort auf!

~~beobaten~~	beobachten	*beobachten*
zeichnen	zeichenen	
unterricht	Unterricht	
kriechen	krieschen	

⭐ Suche Wörter, die mit **Ch/ch** beginnen!

Miteinander leben

Präsens und Präteritum

1 Markiere alle Verben im Text!

Das Endspiel meiner Handballmannschaft
(war) spannend.
Lange Zeit lagen wir im Rückstand.
Doch unser Tormann hielt fast alle Bälle.
Alle klatschten Beifall.
Unsere Freunde wünschten uns den Sieg.

Grundform von
hält → halten!

2 Vervollständige die Tabelle!

	Es passierte gestern. Präteritum	Es passiert heute. Präsens
es	*war*	*es*
wir		*wir*
er		
sie		
sie		

3 Schreibe den Satz im Präsens auf!

Alle klatschten Beifall.

 Bilde alle Präteritumsformen von **schauen**!

SF S.26

Personalpronomen

1 Ersetze die markierten Substantive!
Wähle das passende Personalpronomen aus!

(Felix) geht zum Training.   ~~er~~   du

Er

Heute möchte (Selina) mitspielen.   es   sie

(Das Spiel) beginnt pünktlich um 15 Uhr.   ich   es

2 Ersetze das Substantiv durch ein Personalpronomen!

das Seil   der Ball   die Pfeife   das Tor

es

3 Bilde sinnvolle Sätze! Markiere das Personalpronomen!

> Achte auf den Satzanfang und das Satzende!

klettern vorsichtig • wir	*Wir klettern vorsichtig.*
kriechen • er weit	
hoch • springen du	
ich • schnell schwimmen	

★ Finde die versteckten Personalpronomen in anderen Wörtern!
durstig, sieben, essen, erst, wird ...

Eine Person beschreiben

1 Was wird gespielt? Lies genau! Verbinde!

Leni ist neun Jahre alt.

Sie spielt Handball.

Leni kann schnell laufen und

besonders gut werfen.

Sie ist Kreisläuferin.

Zweimal in der Woche

hat sie Training.

Franz ist acht Jahre alt.

Er spielt Fußball.

Franz kann besonders gut

fangen.

Er ist gern Torhüter.

Zweimal in der Woche

hat er Training.

2 Vervollständige die Steckbriefe!

Name: *Leni*

Alter:

Sportart:

Aufgabe: *Kreisläuferin*

Eigen-
schaften:

Name: *Franz*

Alter:

Sportart:

Aufgabe: *Torhüter*

Eigen-
schaften:

  Beschreibe deinen Lieblingssportler!

Zwei Geschichten entdecken

1 In diesem Text stecken zwei Geschichten.
Unterstreiche sie mit unterschiedlichen Farben!

Tim ist schon sehr aufgeregt.

Am Nachmittag findet der Schachwettbewerb statt.

Heute startet der Herbstlauf.

Anne und Lukas spielen gegeneinander.

Im letzten Jahr war er Sieger.

Jeder will gewinnen.

Hoffentlich klappt es wieder.

Es ist spannend.

Der Schachwettbewerb

Der Herbstlauf

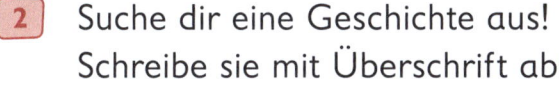

2 Suche dir eine Geschichte aus!
Schreibe sie mit Überschrift ab!

 Male deine Geschichte!

Geschichten mit dem roten Faden überprüfen

Wer?

Wann?

Wo?

Was passiert?

Paul erzählt:

Letzten Sonnabend
waren wir beim Turnier.

Wir spielten in der Sporthalle.

Plötzlich schoss ich ein Tor.

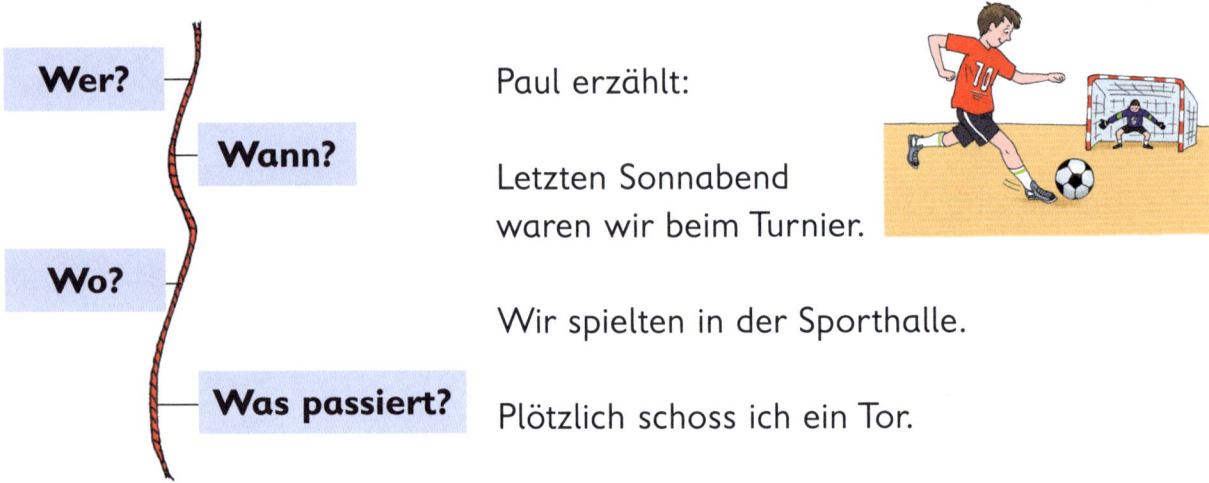

1 Überprüfe die Geschichte! Beantworte die Fragen!

Wer? In der Geschichte gibt es immer eine Hauptfigur.

Paul

Wann? Geschichten spielen immer in einer bestimmten Zeit.

Wo? Geschichten spielen immer an einem Ort.

Was passiert? Es wird erzählt, was Personen erleben.

 Schreibe deine Ideen auf Geschichtenkarten!

ein Tor für Paul   der verschenkte Elfmeter

Wörter mit Sch/sch

1 Markiere **SCH** in allen Wörtern!

S	C	H	I	E	F				S	C	H	M	E	C	K	E	N
S	C	H	A	T	T	E	N		S	C	H	I	E	B	E	N	
	S	C	H	R	E	C	K		S	C	H	M	U	T	Z	I	G
F	R	I	S	C	H		S	C	H	Ü	T	T	E	L	N		
	S	C	H	U	T	Z		W	Ü	N	S	C	H	E	N		
S	C	H	W	I	E	R	I	G			G	E	S	C	H	Ä	F	T

Schau in der
Grammatiktafel
nach!

2 Sortiere so:

Substantive
(4 Wörter): *der Schreck,*

_____

Verben
(4 Wörter): *wünschen,*

_____

Adjektive
(4 Wörter): *schief,*

3 Wähle eine Wortart aus!
Schreibe die Wörter nach dem Abc geordnet auf!

_____

_____

_____

 Finde Substantive, die mit einem **Sch** beginnen!

Bist du fit?

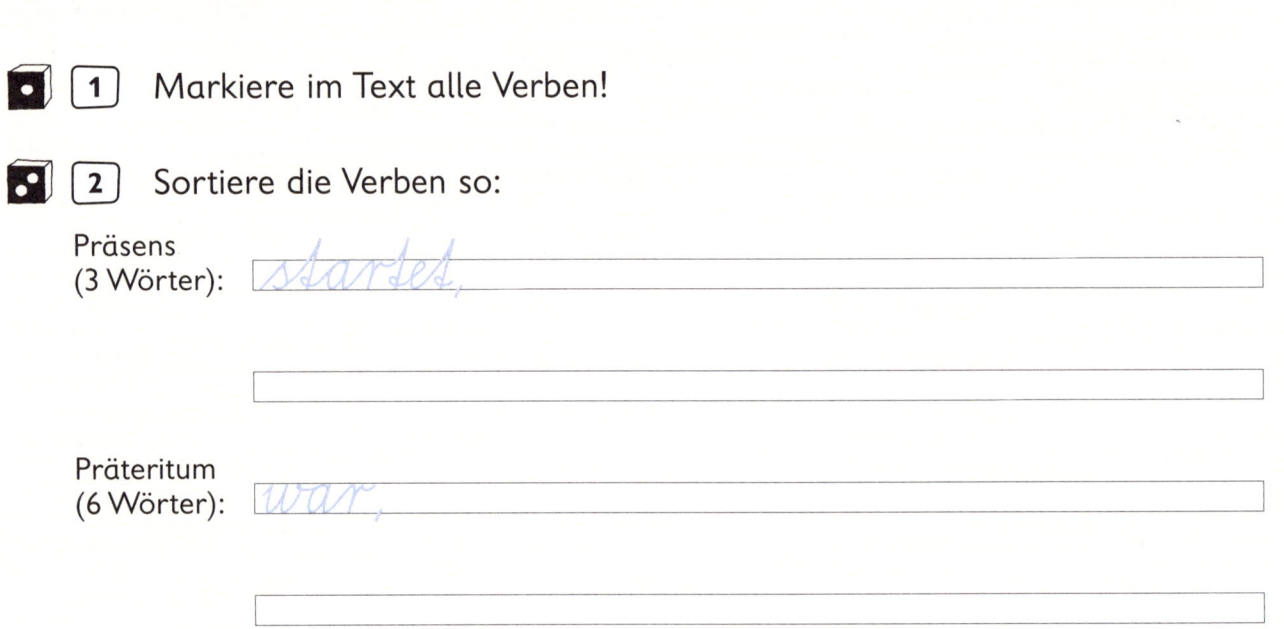

Herbstlauf

Jedes Jahr im Oktober startet der Herbstlauf.

Gestern war es wieder so weit.

Um 10 Uhr begann der Lauf.

Zuerst rannten die 1. und 2. Klassen.

Murat aus der 4. Klasse fragte: „Wie viele Runden rennen wir?"

Maria antwortete ihm: „Wir laufen die doppelte Strecke."

Die Sieger bekamen eine Urkunde.

1   Markiere im Text alle Verben!

2   Sortiere die Verben so:

Präsens
(3 Wörter): *startet,*

Präteritum
(6 Wörter): *war,*

3   Ergänze die fehlenden Formen!

Grundform	Präsens	Präteritum
haben	*er*	*er*
	ich laufe	
blitzen	*es*	

   1   **2**   **3**

4 Überarbeite den Text!
Manche Substantive wiederholen sich.
Ersetze sie durch Personalpronomen!

Beim Handball verstaucht sich Max **die Hand**.
Die Hand wird sofort dick.

Sie

Max bekommt einen kalten Umschlag.
Max ist ganz unglücklich.

Seine Mitschüler trösten ihn.
Seine Mitschüler tragen seine Sachen.

5 Wie sollte der Spieler sein? Schreibe in Sätzen!

Spieler gesucht!!!

Handball

kräftiger Körperbau

hoch springen

gut werfen

groß sein

Wir suchen

Märchenzeit

Märchen kennen

1 Im Text sind fünf Märchen versteckt!
Schreibe sie auf!

Aschenputtel besuchte Dornröschen.
Im Wald traf es den Froschkönig, der sich in einen Prinzen verwandelte.
Er wollte sich mit Hänsel und Gretel treffen.
Gemeinsam gingen sie zu Schneewittchen.

Aschenputtel,

2 Verbinde das Bild mit dem Satz aus dem Märchen!

Bei der Arbeit halfen ihr die Tauben.

Er brachte der Prinzessin ihr Lieblingsspielzeug.

Beide naschten vom Hexenhaus.

Sie stach sich in den Finger und fiel in einen langen Schlaf.

Sie war die Schönste im ganzen Land.

 Erzähle dein Lieblingsmärchen deinen Mitschülern!

Ein neues Märchen schreiben

1 Ordne die Sätze!

1

Grünkäppchen ging in den Wald.

Gemeinsam mit dem Bären besuchte sie den Opa.

Grünkäppchen kam vom Weg ab und traf einen Bären.

Sie wollte den Opa besuchen.

Deshalb gab ihr die Mutter einen Korb mit Milch und Butter mit.

2 Schreibe das Märchen ab!

Grünkäppchen

1 *Grünkäppchen ging in den Wald.*

⭐ Zähle Wunder auf, die in Märchen passieren!

Welches Wunder ist mir passiert?

Verben im Präteritum

1 Setze die Verben im Präteritum ein!

Rapunzel [＿＿＿＿] ihr langes Haar herunter.　　　　　lassen

Rotkäppchen [*brachte*] Kuchen und Wein.　　　　　bringen

Dornröschen [＿＿＿＿] 100 Jahre lang.　　　　　schlafen

Die Bremer Stadtmusikanten [＿＿＿＿] durch das Land.　　　　　ziehen

Schneewittchen [＿＿＿＿] bei den sieben Zwergen.　　　　　wohnen

2 Trage in die Tabelle ein! Prüfe mit dem Wörterbuch!

Personalform im Präteritum	Grundform
sie ließ	*lassen*

3 Unterstreiche die Personalformen, bei denen sich
der Wortstamm ändert!

★ Finde Zauberdinge im Märchen! *Tarnkappe, Goldesel ...*

© 2016 Cornelsen Schulverlage GmbH, Berlin
Alle Rechte vorbehalten.

Wörter mit ng und nk

lang • eng • links • jung • ~~dunkel~~

1 Finde das Gegenteil!

hell — *dunkel*

alt —

kurz —

rechts —

weit —

2 Unterstreiche die Wörter einer Wortfamilie mit der gleichen Farbe!

<u>fangen</u>	der Gedanke	<u>der Fang</u>	gedacht
denken	du trinkst	er denkt	das Getränk
trinken	getrunken	<u>er fing</u>	<u>gefangen</u>

3 Schreibe eine Wortfamilie heraus! Finde weitere Wörter dazu!

 Finde viele Verben mit **ng** und **nk**!

Im Winter

Satzglieder

1 Schreibe einen Satz!

| baute | Julia | ~~gestern~~ | einen Schneemann |

Gestern

2 Umrande die Satzglieder unterschiedlich!

(Der Schnee) (fällt) (in dichten Flocken.)

Selina und Franz   rodeln.

In der Kurve   fällt   Franz   vom Schlitten.

Die Kinder   bauen   einen großen Schneemann.

3 Ergänze weitere Satzglieder!
Bilde immer längere Sätze!

| Was? | Felix spielt *Eishockey* .

| Was? | Wann? | Felix spielt [   ]

[   ] .

| ~~Eishockey~~ |

| Eishockey am Montag |

| Was? | Wann? | Wo? | Felix spielt [   ]

[   ] [   ] .

| Eishockey am Montag in der Eishalle |

⭐ Bilde einen langen Wintersatz!

© 2016 Cornelsen Schulverlage GmbH, Berlin
Alle Rechte vorbehalten.

Sätze umstellen

1 Umrande die Satzglieder! Stelle den Satz um!

(Felix und Selina)　　laufen　　mit Schlittschuhen　　um die Wette.

Mit Schlittschuhen

Achte
auf verschiedene
Satzanfänge!

2 Stelle die Satzglieder so um,
dass der Text interessanter klingt!

Lena erzählt:

Ich baue einen Schneemann.

Ich rolle zuerst drei Schneekugeln.

Zuerst rolle

Ich setze dann dem Schneemann einen alten Hut auf den Kopf.

Dann

Ich schmücke das Gesicht und den Bauch lustig.

Das Gesicht

Ich nenne ihn Karl.

★ Schreibe Satzglieder auf Kärtchen! Lass deinen Partner Sätze bilden!

Zusammengesetzte Verben

1 Bilde mit den Wortbausteinen Verben!

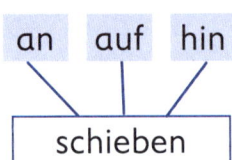

schieben

_____

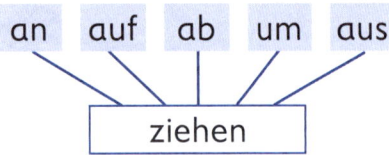

ziehen

*anziehen,*_____

_____

2 Setze die Verben in den Text ein!

Emma und Franzi *ziehen* ihre Schlitten den Berg *hoch* . hoch ziehen

Sie [   ] beim Start [   ].   an kommen

Emma [   ] Franzi mit ihrem Schlitten [   ].   ab stoßen

Plötzlich [   ] ihr Schlitten [   ].   um kippen

Franzi [   ] wie ein Schneemann [   ].   aus sehen

Sie [   ] schnell [   ].   weiter fahren

 Was ist **Biathlon**?

Stolperstellen

Denke daran:

Satzanfang großschreiben!

Satzzeichen am Ende!

Substantive großschreiben!

Selina bastelt für
Anne eine Schneekugel.

  1 Schreibe den Text richtig ab!

kleben

ZUERST KLEBE ICH EINEN KLEINEN <u>SCHNEEMANN</u>
IN DEN <u>DECKEL</u>.

Zuerst klebe ich

schütten

DANN SCHÜTTE ICH <u>GLITZERFLOCKEN</u> IN DAS
<u>GLAS</u> UND FÜLLE <u>WASSER</u> AUF.

auffüllen

ZUM <u>SCHLUSS</u> DREHE ICH DAS <u>GLAS</u> FEST ZU.

zudrehen

 Schreibe eine Karte für den, der deine Schneekugel erhält!

Doppelter Mitlaut nach kurzem Selbstlaut

1 Entscheide, ob kurzer oder langer Selbstlaut!

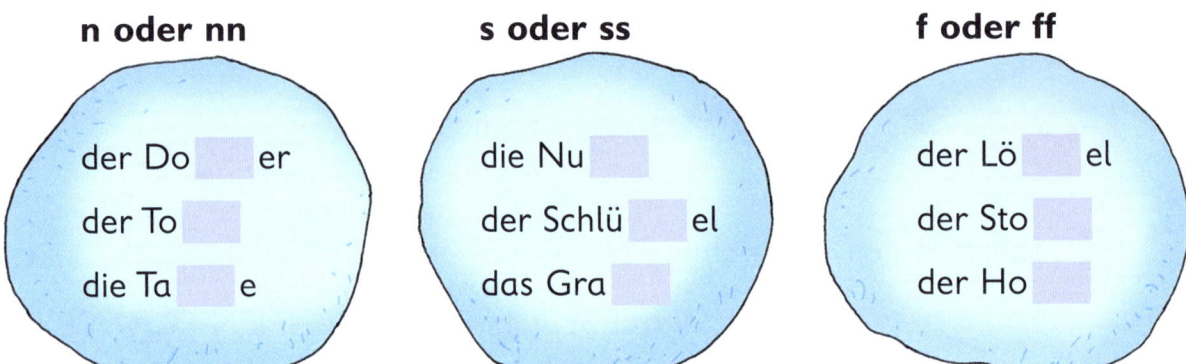

n oder nn	s oder ss	f oder ff
der Do___er	die Nu___	der Lö___el
der To___	der Schlü___el	der Sto___
die Ta___e	das Gra___	der Ho___

2 Schreibe die Reimwörter auf! Markiere den kurzen Selbstlaut!

ne ◯ en   re ◯ en   ke ◯ en

zi ◯ ern   schli ◯ ern   wi ◯ ern

pa ◯ en   fa ◯ en   la ◯ en

(nn) *nennen* _____ _____

(tt) *zittern* _____ _____

(ss) *passen* _____ _____

3 Suche verwandte Wörter im Wörterbuch!

schütteln, *sie schüttelt,* _____

kämmen, *der Kamm,* _____

brennen, *brannte,* _____

 Finde Wörter mit **dd**!

Wörter mit doppeltem Mitlaut

1 Markiere die Wortfamilien! Schreibe die Wörter geordnet auf!

| rennen | wir klettern | er rannte | das Kletterseil |

| das Wettrennen | der Kletterturm | das Rennrad | wir kletterten |

rennen   *wir klettern*

 2 Berichtige die Fehler im Satz!

Selina und Franz <u>trefen</u> sich im Park.

Selina und Franz

Sie <u>wolen</u> eine Rutschbahn bauen.

Sie <u>renen</u> und schlittern schon mal los.

⭐ Suche Reimpaare mit doppeltem Mitlaut! *hell – schnell, ...*

Bist du fit?

1 Am Nachmittag treffen sich einige Kinder in der Eishalle.

2 Tim trainiert schon lange Eisschnelllauf.

3 Seine Freunde probieren es heute aus.

4 Felix fällt hin.

5 Er steht auf und lacht.

6 Paul und Selina halten sich fest.

7 Alle haben viel Spaß.

1 Schreibe die vier zusammengesetzten Verben heraus!

ausprobieren

_____

2 Schreibe den Satz 4 im Präteritum auf!

Satz 4: _____

3 Verwende alle Satzglieder in einem Satz!
Stelle den Satz dann um!

alle Kinder   Eishockey   zum Schluss   spielen

Alle Kinder

_____

Zum Schluss

_____

1 ☺ ☹   **2** ☺ ☹   **3** ☺ ☹

4 Unterstreiche alle Fehler! Berichtige!

der Löfel, die Sonne,
das blatt,
die Tase, der Teller

wir schaffen, er kante,
ich Klettere,
es passte, er samelt

der Löffel,

5 Wie baust du einen Schneemann? Schreibe es auf!

1 drei Schneekugeln rollen

4 einen Hut aufsetzen

2 Kugeln aufeinanderstellen

3 Möhre als Nase, Augen aus Steinen

Ich rolle drei

Das tut mir gut

Prädikate kennen lernen

1 Was machen die Kinder in der Schwimmhalle? Verbinde!

| springen | tauchen | spielen | schwimmen |

1   2   3   4

2 Vervollständige die Sätze! Markiere die Prädikate!

1 Benni *taucht* im tiefen Wasser.

2 Maria _____ schon die fünfte Bahn.

3 Max _____ vom Startblock ins Wasser.

4 Alle _____ gemeinsam Wasserball.

3 Schreibe Sätze! Unterstreiche die Prädikate!

| Benni gewinnt | ihre Badetasche. |
| Ina packt | den Wettbewerb. |

Benni gewinnt

_____

⭐ Verwende das Verb **wechseln** als Prädikat im Satz!

Zahlwörter

1 Markiere die Zahlwörter!

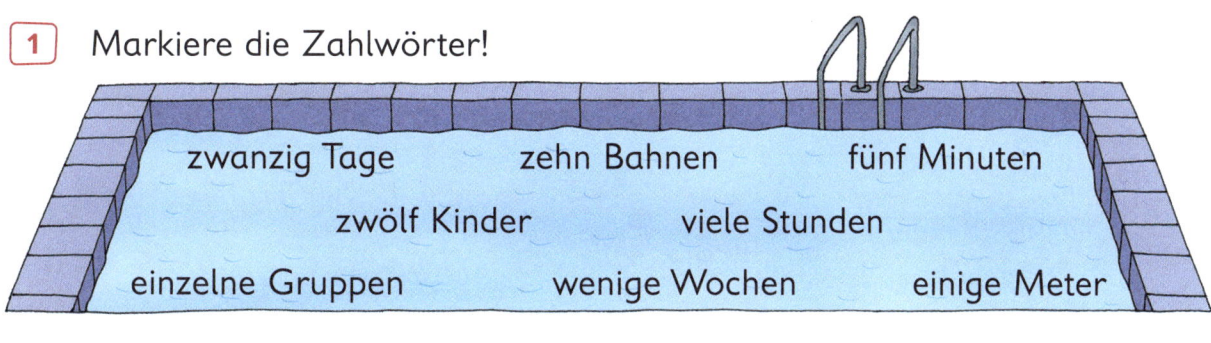

zwanzig Tage   zehn Bahnen   fünf Minuten

zwölf Kinder   viele Stunden

einzelne Gruppen   wenige Wochen   einige Meter

2 Ordne so:

bestimmte
Zahlwörter
(4 Wörter):   *zwanzig,*

unbestimmte
Zahlwörter
(4 Wörter):   *einzelne,*

3 Verbinde, was zusammengehört! Schreibe auf!

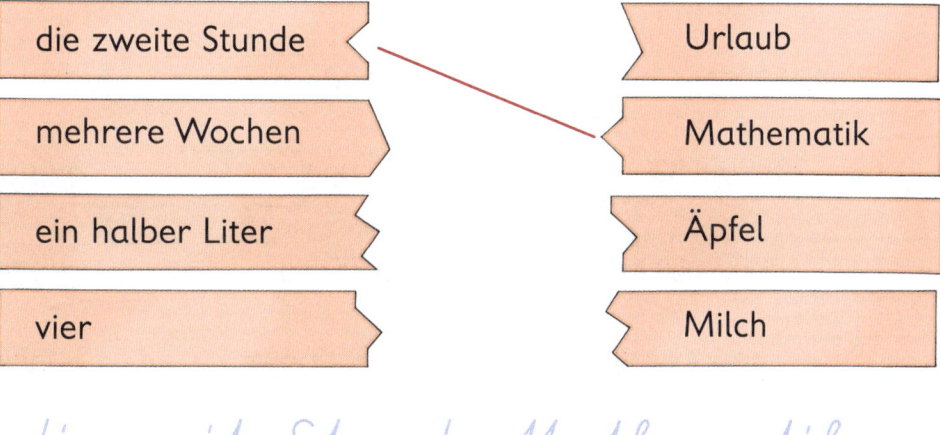

die zweite Stunde	Urlaub
mehrere Wochen	Mathematik
ein halber Liter	Äpfel
vier	Milch

die zweite Stunde Mathematik

 In welcher Sportart stecken Zahlwörter? *100-Meter-Lauf, ...*

Verwandte Wörter

1 Schreibe die Wortpaare heraus!

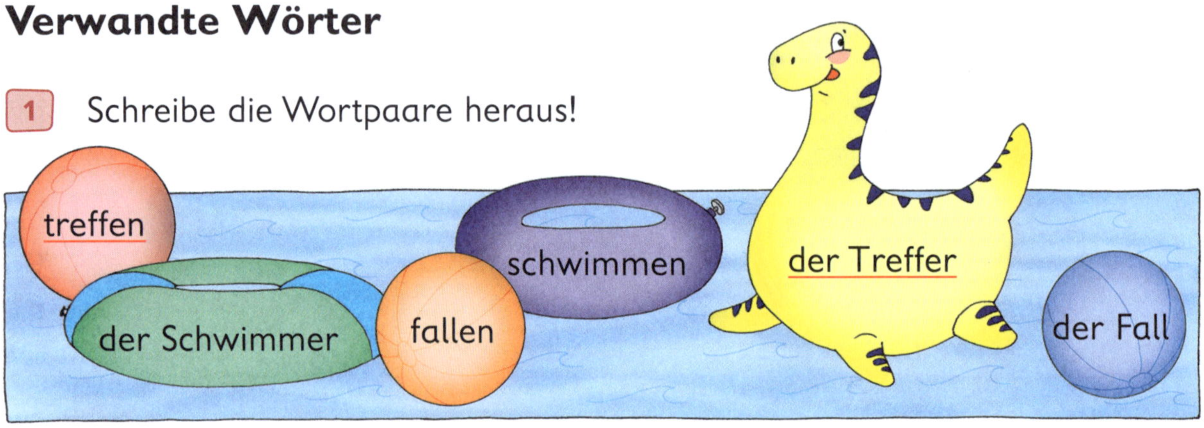

treffen
der Schwimmer
fallen
schwimmen
der Treffer
der Fall

_____

_____

_____

2 Markiere die Wortfamilien! Schreibe zwei heraus!

werfen	der Traum	der Streit
er streitet	sie wirft	fallen
der Wurf	geträumt	sie fällt
träumen	streiten	der Fall

_____

_____

_____

 Manchmal steckt das Substantiv im Verb: *schlafen – der Schlaf, tanzen – der Tanz.* Finde selbst Beispiele!

Eine Bildergeschichte schreiben

 1 Schreibe eine Geschichte!

die Kinder der Klasse 3

am Nachmittag

Schwimmhalle

Die Kinder der

Klasse 3 treffen sich

Wasserball

werfen

spielen

schwimmen

Tor

schnell

Die Jungen und

Mädchen spielen

die Jungen

die Mädchen

beste Mannschaft

gratulieren

viel Spaß

Wer wird gewinnen?

 Was kannst du alles in der Schwimmhalle machen?
Spiele es deinen Mitschülern vor und lasse sie raten!

 Geschichten schreiben

© 2016 Corr elsen Schulverlage GmbH, Berlin
Alle Rechte vorbehalten.

Wörter mit ck

1 Markiere die Wörter mit **ck** oder **k** verschieden!

der Bäcker • packen • der Schran**k** • die Brücke • quaken

stärken • das Paket • wir schmecken • stark • der Block

2 Schreibe die Wörter geordnet ab!

ck

der Bäcker

k

der Schrank

3 In jeder Wortgruppe ist ein Fehler. Schreibe die Wortgruppen richtig auf!

der große block   *der große Block*

die dreckige Jake

ein Stück Zukker

das Eis schmekt

⭐ Finde viele Verben mit **ck**!

Wörter mit tz

1 Setze das Adjektiv richtig ein!

Die Limonade ist _spritzig_ .

Meine Hose ist _____ .

Der Bleistift ist _____ .

Regenwürmer sind _____ Tiere.

schmutzig

spritzig

nützlich

spitz

 2 Finde passende Wörter! Markiere den kurzen Selbstlaut vor dem **tz**(.)!

etz: _verletzen,_

itz: _der Blitz,_

utz: _schmutzig,_

3 Schreibe vollständige Sätze!

| Der Blitz leuchtet | Der Löwe kratzt sich | In der Hitze schwitzen |

| plötzlich hell auf. | auch Katzen. | das Fell. |

Der Blitz leuchtet

_____

_____

⭐ Manche Wörter aus anderen Sprachen werden mit **zz** geschrieben! Entdecke solche Wörter!

Früher und heute

Zeitformen des Verbs

1 Unterstreiche die Verben!

Seit etwa 100 Jahren <u>gibt</u> es Spielzeug.
Die meisten Kinder besaßen kaum Spielzeug.
Sie trafen sich draußen und spielten gemeinsam.
Die Kinder wünschten sich Puppen oder Bälle.
Heute sammeln viele gern Sticker.
Nachmittags treffen sie sich oft zum Sport.
Einige Kinder spielen am Computer.

2 Schreibe die Verben geordnet heraus!

Präsens | **Präteritum**

es gibt | *sie*

sie | *sie*

sie | *sie*

sie | *sie*

 3 Setze das Verb **lesen** richtig ein!

Selina _____ gestern ihr Buch zu Ende.

Jetzt _____ Max das Buch.

★ Erforsche, welche Spielzeuge es heute nicht mehr gibt!

Personalformen des Verbs

1 Was gehört zusammen? Verbinde!

es blieb | er führte | sie trafen | sie hatten | sie blickten

führen | treffen | bleiben | blicken | haben

2 Ergänze die fehlenden Formen!

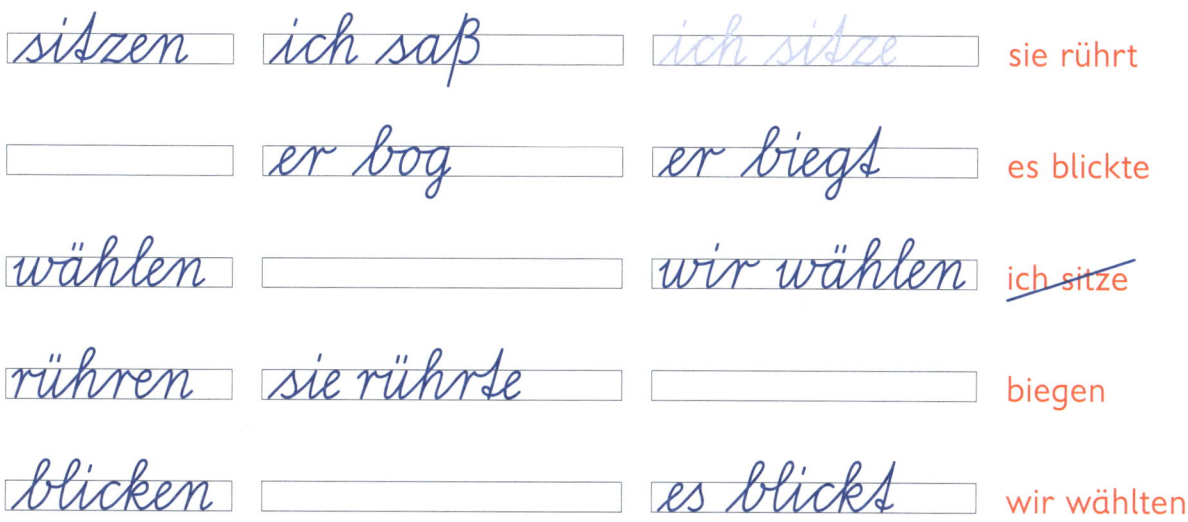

sitzen	ich saß	ich sitze	sie rührt
er bog	er biegt	es blickte
wählen		wir wählen	~~ich sitze~~
rühren	sie rührte		biegen
blicken		es blickt	wir wählten

3 Setze die Verben ein!

Früher _____ die Kinder mit dem Griffel.

Sie _____ auf Holzbänken.

Zum Spielen _____ nur wenig Zeit.

Die Kinder _____ viel im Haushalt.

saßen

halfen

schrieben

blieb

 Erkläre deinen Mitschülern die Verben **kreiseln** und **murmeln**!

Einen Gegenstand beschreiben

1 Markiere alle Wörter, die den Gegenstand beschreiben!

Holz   Stoff   zwei dicke Holzstäbe

braun   mit Fußstützen   Wolle

draußen im Hof   Wasser

Holzstelzen

2 Ergänze den Steckbrief!

Name: *Holzstelzen*

Material:

Teile:

Farbe:

Spielort:

3 Beschreibe den Gegenstand in Sätzen!

Holzstelzen sind

⭐ Beschreibe deinen Mitschülern ein altes Spielzeug!

Wörtliche Rede erkennen

1 Verbinde die Fragen mit den Antworten!

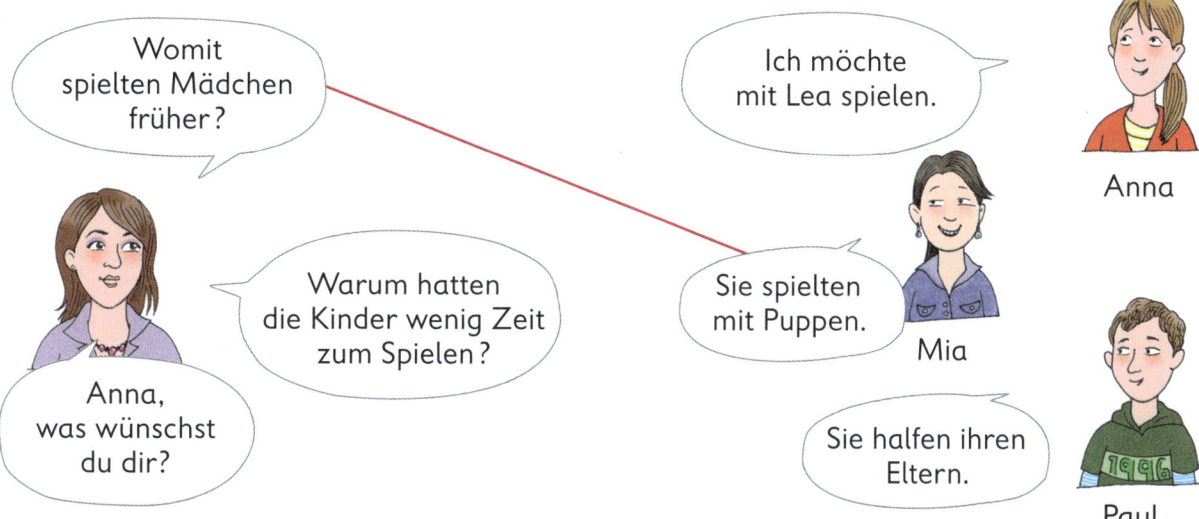

2 Schreibe das Gespräch ab! Setze die Anführungszeichen!

Die Lehrerin fragt: „*Womit*

Mia antwortet:

Jetzt fragt die Lehrerin:

Paul meint:

Sie fragt nun:

Anna sagt:

⭐ Erkunde, was Stammbuchbilder sind! Gibt es sie noch heute?

Wörter mit ß

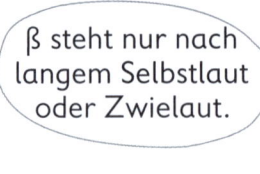 ß steht nur nach langem Selbstlaut oder Zwielaut.

1 Schreibe die Wörter geordnet heraus!

Wörter mit ss

der Kuss

draußen

der Spaß

~~der Kuss~~

süß

das Schloss

wissen

grüßen

nass

fleißig

lassen

Wörter mit ß

2 Unterstreiche die Verben! Schreibe die Grundform auf!

Heute fließt kaum Wasser aus der Leitung. *fließen*

Unser Opa gießt die Blumen im Garten.

Oma beißt auf einen Kirschkern.

Ich schließe die Tür mit einem Knall.

⭐ Finde Substantive mit **ß**.

Wörter mit t

1 Setze richtig ein!

FICHTE • QUADRAT • ~~ARZT~~ • GEBURTSTAG
PAKET • TEXT • MONATE

Alle gesuchten Wörter haben ein **t**.

1 Wenn ich krank bin, gehe ich zu ihm. A R Z T

2 Man verschickt es mit der Post.

3 Das ist ein Nadelbaum.

4 Manchmal schreiben wir einen langen …

5 Alle vier Seiten sind gleich lang.

6 Das Jahr hat zwölf …

7 Einmal im Jahr hat jeder …

Das Lösungswort heißt:

2 Ordne die Wörter aus Aufgabe 1 nach dem Abc!

Arzt, F

3 Schreibe zusammengesetzte Substantive!

THEATER	BOOT	*das Theaterstück*
HAUS	STÜCK	
GESCHENK	FÜHRER	
STADT	PAKET	

⭐ Finde Substantive mit **T** am Wortanfang!

Bist du fit?

1 Max fuhr drei Tage auf Klassenfahrt.

2 Dort ging er mit einigen Freunden in den Park.

3 Dabei entdeckten sie viele Spielgeräte.

4 Max und Lisa kletterten auf die Hängebrücke.

5 Felix rief: „In fünf Minuten gibt es Essen!"

6 Schnell rannten alle los.

[·] 1 Markiere im Text alle bestimmten und unbestimmten Zahlwörter!
Schreibe sie geordnet heraus!

bestimmte
Zahlwörter:
(2 Wörter)

unbestimmte
Zahlwörter:
(3 Wörter)

[:] 2 Schreibe Verben im Präteritum heraus!

1 *er*   4 *sie*

2 *er*   5 *er*

3 *sie*   6 *sie*

[·:] 3 Schreibe Satz 6 im Präsens auf!

1 ☺ ☺   2 ☺ ☺   3 ☺ ☺

4 Setze die fehlenden Satzzeichen! Markiere die Redebegleitsätze!

Die Kinder haben Fragen zur Steinzeit.

Felix fragt: Wie wärmten sich die Steinzeitmenschen

Der Lehrer antwortet: Sie hatten ein großes Feuer in der Höhle.

Max fragt: Was für Werkzeuge besaßen sie

Der Lehrer sagt: Sie hatten Messerklingen aus Feuerstein.

5 Vervollständige den Lückentext!

So lebten die Steinzeitmenschen

- jagen, fischen
- kaum älter als 30 Jahre
- gefährlich und hart
- wohnten in Höhlen
- Felle als Kleidung
- kleiner als wir
- niedrige Stirn
- Fährten lesen

Das Leben der Steinzeitmenschen war

_____

Sie wurden kaum _____

Steinzeitmenschen _____

Sie waren _____ und hatten

eine _____

Oft gingen sie _____

Besonders gut konnten sie _____

Sie trugen _____

Im Frühling

Mit Adjektiven vergleichen

1 Wähle Adjektive zum Frühling aus!

bunt   neblig

sonnig

warm   windig

grau

feucht   stark

rund

feucht

Frühling

> Das Adjektiv verändert sich:
> **so** lang **wie** – länger **als** …

2 Setze „… **als**" oder „**so** … **wie**" mit dem Adjektiv ein!

Der Frühling hat begonnen.

Am Frühlingsanfang ist der Tag _so lang wie_ die Nacht.   lang

Außerdem wird es nun langsam _____ im Winter.   warm

Die Frühblüher leuchten _____ im letzten Jahr.   bunt

Nun singen die Vögel _____ bisher.   laut

Im April kann es manchmal _____ im Februar sein.   kühl

Dann kann es auch mal schneien.

⭐ Wähle eine andere Jahreszeit und finde passende Adjektive!
Du kannst auch ein Plakat gestalten!

© 2016 Cornelsen Schulverlage GmbH, Berlin
Alle Rechte vorbehalten.

Adjektive steigern

 1 Ergänze die Tabelle!

Grundstufe	Mehrstufe	Meiststufe
dick	dicker	
	kühler	am kühlsten
		am längsten
nass		
		am glattesten

 2 Steigere die Adjektive passend! Setze sie ein!

~~dick~~ schön alt   groß lang glatt

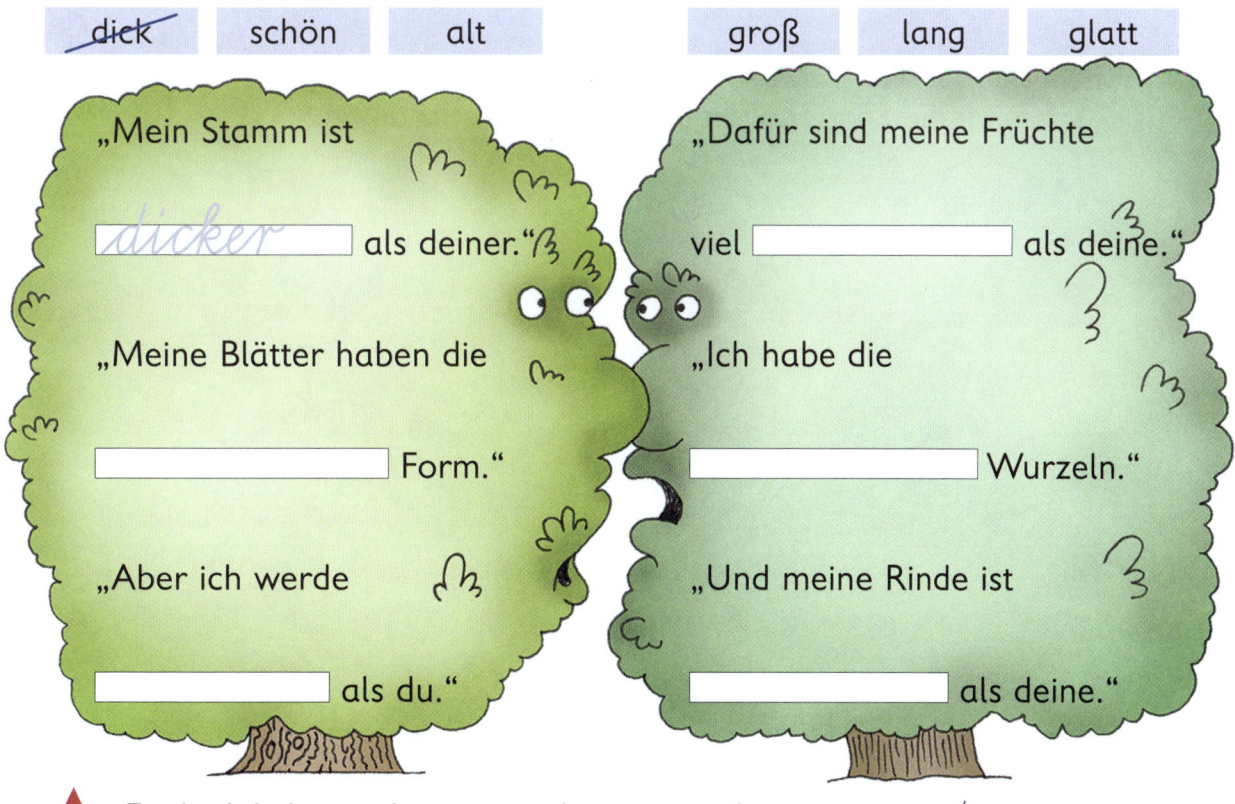

„Mein Stamm ist

dicker als deiner."

„Meine Blätter haben die

Form."

„Aber ich werde

als du."

„Dafür sind meine Früchte

viel als deine."

„Ich habe die

Wurzeln."

„Und meine Rinde ist

als deine."

⭐ Finde Adjektive, die man nicht steigern kann: *grün, stumm ...*

Prädikate im Satz erkennen

1 Kennzeichne die Wortgrenzen! Schreibe den Satz ab!

Der|StorchbautimFrühjahrseinNest.

2 Verbinde, was zusammenpasst!

1 Im Garten blühen   Frösche am Teich.

2 Die Kinder beobachten   die ersten Blumen.

3 Die Bienen fliegen   ihre Lieder.

4 Die Vögel singen   die Ameisen aus ihrem Bau.

5 Nun kriechen   von Blüte zu Blüte.

Prädikate sind immer die Verben.

3 Schreibe die Sätze ab! Unterstreiche die Prädikate!

1 *Im Garten*

2

3

4

5

 ⭐ Welcher Vogel baut einen Horst?

Wörter mit h am Ende des Wortstammes

1 Schreibe Reimwörter auf!

sehen nähen sprühen

dr

krähen

drehen

glühen

2 Bilde neue Wörter!

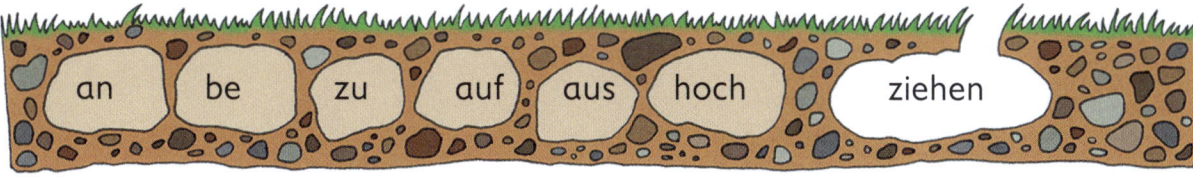

an be zu auf aus hoch ziehen

anziehen,

3 Schreibe die Wörter der Wortfamilien heraus!

das Glühwürmchen • ruhig • fernsehen • verglühen
ruhen • der Fernseher • glühend • das Fernsehverbot • die Ruhe

der Fernseher,

 Was ist Fernsehverbot? Erkläre es deinen Mitschülern!

Der Natur auf der Spur

Meinungen begründen

1 Ordne die Argumente!

Streitfrage der Klasse 3: **Wer ist für eine Nachtwanderung im Wald?**

| das ist toll | draußen in der Natur | schlechtes Wetter |

| man kann sich verlaufen | es ist dunkel | man sieht viele Sterne |

Argumente dafür

das ist toll,

Argumente dagegen

schlechtes Wetter,

Ich bin dafür, weil …
Ich bin dagegen, weil …

2 Kreuze an, welcher Meinung du bist! Begründe!

☐ Ich möchte **eine** Nachtwanderung machen.

☐ Ich möchte **keine** Nachtwanderung machen.

Meine Begründung:

Was könnte Seltsames auf der Nachtwanderung passieren?

Subjekt und Prädikat

Frage nach dem Subjekt!
Wer oder was?

1 Ergänze die passenden (Prädikate).
Unterstreiche dann die Subjekte!

sind
fliegen
frisst
lebt
gibt

<u>Marienkäfer</u> *sind* gute Flieger.

Sie [＿＿＿＿＿] viele Kilometer, um Futter zu finden.

Ein Käfer [＿＿＿＿＿] viele Blattläuse.

Der Siebenpunkt-Marienkäfer [＿＿＿＿] bei uns.

Es [＿＿＿＿] noch viele andere Arten.

2 Bilde Aussagesätze! Unterstreiche die Subjekte!

Ihr Bau	heißt	Biber	leben
Die Tiere	fällen	Sie	gehören

Biber leben am und im Wasser.

[＿＿＿＿＿＿＿] Biberburg.

[＿＿＿＿＿＿＿] sogar Bäume.

[＿＿＿＿＿＿＿] zu den Nagetieren.

 Bilde lustige Tiersätze!
Der Dachs dackelt davon.
Meine Maus macht Miau.
Ein Esel ...

Stichpunkte aufschreiben

1 Lies genau die Fragen!
Markiere im Text die Antworten auf die Fragen!

Zu welcher Familie gehören die Maikäfer?

Maikäfer gehören zu den Insekten.

In welche Abschnitte ist der Körper geteilt?

Der Körper ist in drei Abschnitte geteilt.
Es sind Kopf, Brust und Hinterleib.

Was machen die Maikäfer beim Fliegen?

Beim Fliegen brummen Maikäfer laut.

Wozu dienen die beiden Fühler?

Mit den beiden Fühlern riechen und tasten sie.

Warum sind Maikäfer Schädlinge?

Maikäfer fressen Wurzeln und schaden damit den Pflanzen.

2 Schreibe einen Stichpunktzettel zum Maikäfer!

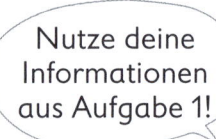
Nutze deine Informationen aus Aufgabe 1!

Maikäfer

– Insekten

 Woher hat der Maikäfer seinen Namen? Finde es heraus!

Wörter mit ä und äu

1 Verbinde die verwandten Wörter!

die Angst

bauen

raten

der Raum

der Kamm

die Wahl

das Rätsel

ängstlich

aufräumen

das Gebäude

wählen

kämmen

2 Ordne die Wörter aus dem Kasten zu!

länger • ähnlich • die **Ä**rztin • der K**ä**fig • träumen
kr**ä**ftig • der L**ä**rm • die Tr**ä**ne

Hier kann ein verwandtes Wort helfen:

lang – länger   *der Arzt –*

die Kraft –   *der Traum –*

Das sind Merkwörter:

ähnlich,

 Finde weitere Merkwörter! *März, ...*

Bist du fit?

Der März ist ⬚ der Mai.   lang

Der April ist ⬚ der Februar.   lang

Im Süden ist es meist ⬚ bei uns.   warm

Im Sommer ist es manchmal ⬚ im Süden.   warm

⚀ 1   Vergleiche!
Verwende „… **als**" oder „**so** … **wie**"!

⚁ 2   Ergänze die Aussagesätze!

Biber schlafen   Die Biberburg hat

Sie halten   Sie fressen

Biber leben

⬚ im Winter etwa 20 Stunden am Tag.

⬚ aber keinen Winterschlaf.

⬚ mit Vorliebe Kräuter und Pflanzen.

⬚ eine Wohnburg und einen Biberdamm.

⬚ in kleinen Familien.

⚄ 3   Markiere die <u>Subjekte</u> und die (Prädikate)!

[1] ☺ ☹   [2] ☺ ☹   [3] ☺ ☹

4 Unterstreiche die Fehler! Schreibe die Sätze richtig ab!

> *Im Merz sind die*
> *Nechte noch kalt.*
>
> *Die ersten Blumen und*
> *Streucher blühen in den*
> *Gersen.*

5 Lies den Text genau!
Notiere wichtige Informationen auf dem Stichpunktzettel!

**Die Entwicklung
des Maikäfers**

Ende Mai legen die Weibchen
<u>etwa 80 Eier</u> im Boden ab.

Sechs Wochen später
schlüpfen die Larven.

Sie leben mehrere Jahre
unter der Erde.

Nach drei Jahren verpuppen
sich die Larven.

Im vierten Jahr schlüpfen die
neuen Maikäfer.

Wusstest du schon?

Rund um den Computer

Laptop   Drucker

USB-Stick   Maus

Smartphone

1 Beschrifte die Abbildung!

 1

 2

 3

 4

 5

1 _____

2 _____

3 _____

4 _____

5 _____

Wie spricht man die Wörter aus? Frage nach!

2 Verbinde jedes Wort mit der passenden Erklärung!

1	surfen		A	Aus dem Internet kann man Bilder, Texte oder Musik herunterladen.
2	downloaden		M	Darunter versteht man das Springen von einer Internetseite zur nächsten.
3	chatten		L	So sendet man elektronische Post schnell durchs Internet.
4	mailen		I	Über das Internet kann man mit Hilfe der Tastatur mit anderen „reden".

Lösungswort: ☐ ☐ ☐ ☐

 Was machst du am liebsten mit dem Computer?

Zweiteiliges Prädikat

ausdenken

aussuchen

ausdrucken

aufrufen

aufschreiben

1 Felix bereitet ein Quiz für seine Klasse vor.
Schreibe immer das passende Verb in die Lücke!

1 Thema *aussuchen*

2 Fragen und Antworten

3 Informationen im Internet

4 drei Lösungen

5 Blatt am Ende

Aufgepasst!
Das Prädikat teilt sich!

sucht aus

2 Schreibe die Anleitung von Felix weiter!
Verwende die Verben aus Aufgabe 1 als Prädikate!

1 *Felix sucht ein Thema aus.*

2 *Er   sich Fragen*

3 *Dann   er Informationen im*

Internet

4

5

3 Kreise in jedem Satz die Prädikate ein!

Ich bin
☐ ☐ ☒
rosa riesig winzig

⭐ Schreibe selbst ein Rätsel oder ein Quiz für deine Mitschüler!

Tabellen lesen

1 Lies den Text.
Fülle dann die Lücken in der Tabelle aus!

100 m x 100 m =
1 Hektar

Der Zoo Rostock ist 56 Hektar groß.

Im Zoo Halle kann man 250 Tierarten sehen.

Der Tierpark Berlin hat eine Fläche von 160 Hektar.

850 Tierarten leben im Zoo Leipzig.

Name	Fläche	Tierarten
Tierpark Berlin	Hektar	815
Zoo Halle	9 Hektar	
Zoo Leipzig	26 Hektar	
Zoo Rostock	56 Hektar	320

2 Lies in der Tabelle nach! Fülle die Lücken in den Sätzen aus!

Der kleinste Tierpark ist der *Zoo Halle* .

Im _____ leben die meisten Tierarten.

Der _____ ist 56 Hektar groß.

3 Markiere die sechs versteckten Zootiere!

G	I	R	A	F	F	E	Q
H	F	Z	R	D	M	J	P
X	E	L	E	F	A	N	T
N	H	S	C	Y	K	W	I
A	L	F	A	B	L	Z	G
D	Ö	L	F	V	A	B	E
Ä	W	P	F	R	M	C	R
V	E	G	E	Ü	A	Q	Z

 Welcher Zoo ist der älteste in Deutschland?

Diagramme verstehen

1   Zeichne das Alter des Zebras in das Diagramm ein!

So alt können die Tiere im Zoo werden:

Alter in Jahren	5	10	15	20	25	30	35	40	45	50	55	60	65
Giraffe													
Elefant													
Eisbär													
Tiger													
Zebra													

Zebra
- gehört zur Familie der Pferde
- in Afrika heimisch
- kann im Zoo etwa 30 Jahre alt werden

2   Verbinde die Tiere mit den richtigen Antworten!

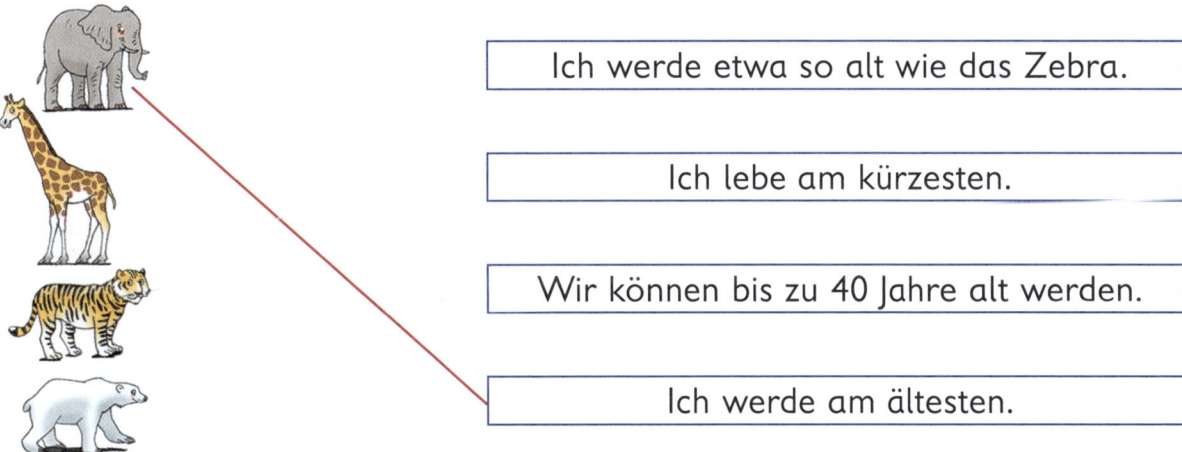

Ich werde etwa so alt wie das Zebra.

Ich lebe am kürzesten.

Wir können bis zu 40 Jahre alt werden.

Ich werde am ältesten.

3   Beantworte die Frage in einem Satz!

Lies im Diagramm nach!

Frage: Welches Tier wird 20 Jahre alt?

Antwort:

⭐   Erforsche, warum viele Tiere im Zoo länger leben!

Einen Text am Computer schreiben

1 Verbinde die Wortgruppen mit der richtigen Erklärung!

Text markieren	„Return"-Taste drücken
Leerzeile einfügen	gedrückte Maustaste über den Text ziehen
Text ausrichten	Wörter markieren und **fett**, *kursiv* oder <u>unterstrichen</u> formatieren
Wörter hervorheben	mit Tastenzeichen Muster machen
Text verzieren	Text links, rechts, in der Mitte oder im Blocksatz setzen

2 Lies den Text! Unterstreiche alle Verben!

Karam <u>schreibt</u> eine Antwort an Maria.
Dann bearbeitet er sie am Computer.
Die Anrede markiert er fett.
Nun richtet er seinen Text nach links aus.
Danach fügt er zwei Leerzeilen ein.
Zuletzt verziert er den Text mit einer Schmuckkante.

Achtung!
Zwei Verben sind
zweiteilig!

3 Wie sieht Karams Text nun aus? Kreuze die richtige Lösung an!

Lösung A

> **Hallo Maria,**
>
> vielen Dank für die Einladung zu deinem Geburtstag.
> Ich komme gern.
>
> Karam

Lösung B

> ********************
> Hallo Maria,
>
> vielen Dank für die Einladung zu deinem Geburtstag.
> Ich komme gern.
> **Karam**

Lösung C

> ********************
> **Hallo Maria,**
>
> vielen Dank für die Einladung zu deinem Geburtstag.
> Ich komme gern.
>
> Karam

 Schreibe und gestalte selbst eine Einladung!

Wörter mit hl, hm, hn, hr

 1 Schreibe die Wortpaare nebeneinander auf!
Unterstreiche den Wortstamm!

wählen   erzählen   die Gefahr   der Erzähler

gefährlich   bohren   die Wahl   der Bohrer

bohren – der Bohrer

2 Kennzeichne alle Wörter einer Wortfamilie!

Anführer   Gefühl   belohnen

fühlbar   Belohnung   Vorführung

aufführen   Fühler   Lohn

Höhle
Lehrerin
sehr

erzählen
wohnen

3 Schreibe die richtigen Wörter in die Lücken!

Mit unserer *Lehrerin* besuchen wir eine

alte [   ]. Dort [   ] viele Fledermäuse.

Sie sind [   ] nützlich.

Nun können wir zu Hause davon [   ].

⭐ Finde eine Wortfamilie zu **erzählen**!

Mit Tieren leben

Stichpunkte schreiben

1   Lies den Sachtext!

Die Katze

Die Hauskatze stammt von der Wildkatze ab.

Die Tiere haben einen runden Kopf mit zwei kleinen Ohren.

Sie besitzen Schnurrhaare und einen langen Schwanz.

Katzen klettern sehr geschickt.

Auch in der Dämmerung sehen sie gut.

Eine Katze kann 12 bis 14 Jahre alt werden.

2   Unterstreiche im Text mit vier Farben:
Abstammung, Aussehen, Besonderheiten, Alter!

3   Schreibe deine Stichpunkte auf die passende Karte!

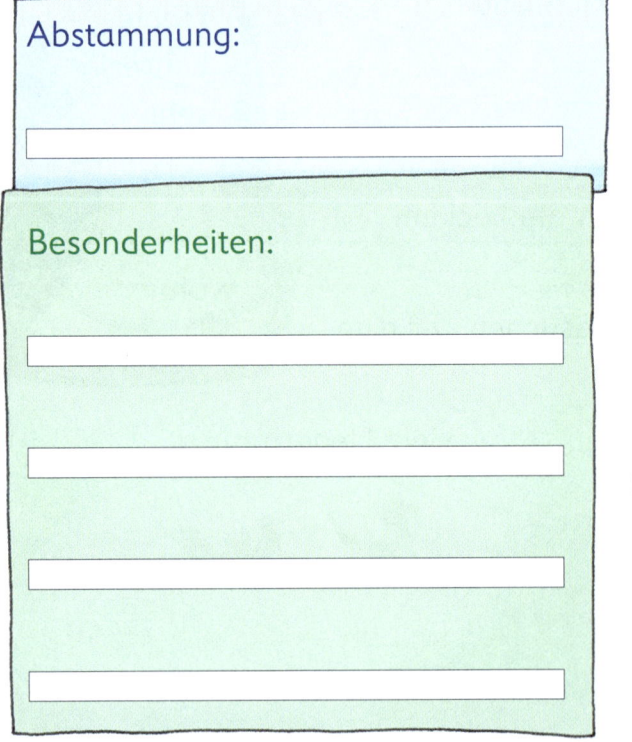

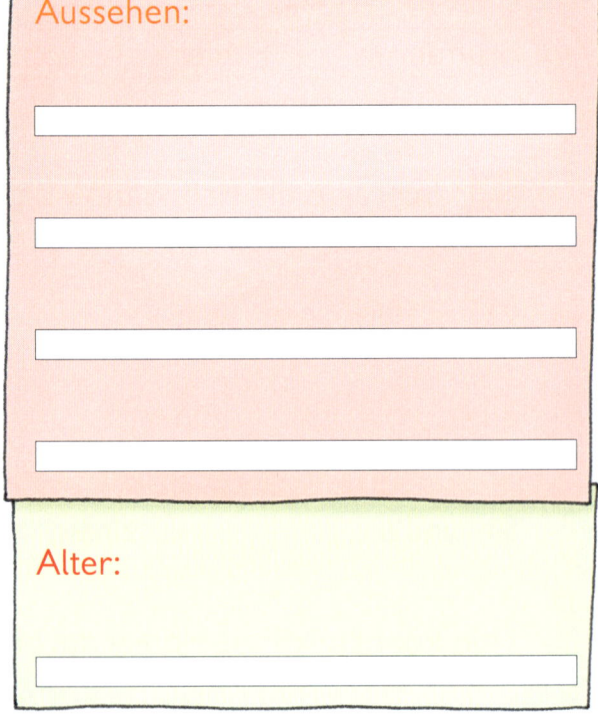

Abstammung:

Besonderheiten:

Aussehen:

Alter:

    Erkunde, was Katzen alles fressen!

© 2016 Cornelsen Schulverlage GmbH, Berlin
Alle Rechte vorbehalten.

Wörtliche Rede und Begleitsätze

1 Lies den Text!
Unterstreiche so: <u>das sagt Mia</u> / <u>das sagt die Verkäuferin</u>

Mia sagt: „<u>Ich möchte mir ein Meerschweinchen kaufen.</u>"

Die Verkäuferin meint: „<u>Wir haben viele Tiere zur Auswahl.</u>"

Mia fragt: „<u>Was fressen Meerschweinchen?</u>"

Die Verkäuferin erklärt: „<u>Sie brauchen ausreichend Heu und Frischfutter.</u>"

Mia will wissen: „<u>Wie groß muss der Käfig sein?</u>"

Die Verkäuferin sagt: „<u>Meerschweinchen brauchen viel Platz.</u>"

2 Setze die Zeichen der wörtlichen Rede!

Mama fragt ☐ ☐ Wo bist du gewesen? ☐

Mia antwortet ☐ ☐ Ich war in der Zoohandlung. ☐

Mias Bruder klagt ☐ ☐ Du wolltest mich doch mitnehmen! ☐

Mia tröstet ☐ ☐ Du darfst das Tier mit aussuchen! ☐

3 Was könnte Mia noch fragen?
Schreibe eine Frage auf und setze die Zeichen!

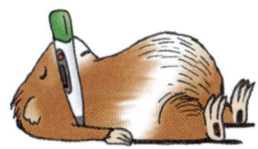

Wie alt werden Meerschweinchen?

Brauchen sie viel Auslauf?

Werden sie schnell krank?

Mia fragt:  *„Wie alt werden Meerschweinchen?"*

Mia fragt weiter:

⭐ Finde heraus, wie das Meerschweinchen zu seinem Namen kam!

Nach dem Subjekt fragen

1 Schreibe die passenden Prädikate in die Lücke!

Der Affe *turnt* von Ast zu Ast.

turnen

schleichen

springen

Das Känguru _____ sehr weit.

Der Löwe _____ lautlos.

2 Frage nach dem Subjekt!

Wer oder was turnt von Ast zu Ast?

Subjekt: *der Affe*

_____

Subjekt: _____

_____

Subjekt: _____

3 Frage nach dem Subjekt! Streiche durch, was nicht passt!

Löwen ~~und Mäuse~~ jagen ihre Beute.

Flöhe und Leoparden schleichen durch die Nacht.

Erdmännchen und Elefanten wohnen in Erdspalten.

Delfine und Esel schwimmen im Meer.

⭐ Ergänze das Wortfeld! Tiere können **schleichen, springen,** …

Wörter mit ie

1 Reime! Schreibe die Wörter dann auf!

biegen	*gießen*	*Ziel*
l	*schl*	*St*
fl	*fl*	*v*
w	*sch*	

2 Trage die Lösungen ein! Schreibe nur Großbuchstaben!

 Achtung!
Immer mit ie!

Ich sehe mich im

Mein Stift schreibt auf

Wir singen ein fröhliches

Ich schreibe einen langen

Max ist als Erster im

Lösungswort:

3 Erkennst du die Wörter? Schreibe sie auf!

frieren • schieben • wiegen • ziehen • kriechen • schief

frieren,

 Sammle zusammengesetzte Substantive mit dem Wort **Tier**!

Die Grille und die Ameise

Die Ameise sammelt fleißig Vorräte.

Sie sucht ihre Freundin, die Grille.

Deshalb fragt sie den Fuchs: Hast du die Grille gesehen

Der Fuchs antwortet: Sie ist bestimmt weggezogen

Die Ameise ist traurig. Die Eule gibt ihr einen Rat.

Sie meint: Gib eine Anzeige in der

Waldzeitung auf, dann findest du sie

Grille gesucht!!!
***
Bitte bei Ameise melden!

1 Unterstreiche die wörtliche Rede farbig!
Setze die fehlenden Zeichen!

2 Markiere Subjekt und Prädikat!

Laura und Erik bereiten einen Vortrag vor.

Erik findet schnell die richtigen Seiten.

Laura sucht die Informationen.

Sie schreibt alle wichtigen Stichpunkte auf.

Die Kinder finden noch ein passendes Bild.

Zum Schluss drucken sie den Text aus.

3 Schreibe die zweiteiligen Prädikate heraus!

1   **2**   **3**

4 Lies das Diagramm! Beantworte dann die Fragen!

Umfrage in der Klasse 3: Wie viele Bücher hast du in diesem Jahr gelesen?

Paul										
Selina										
Laura										
Tim										

          1   5   10   Bücher gelesen

Wer hat die meisten Bücher gelesen?

Wer hat die wenigsten Bücher gelesen?

Wer hat neun Bücher gelesen?

5 Unterstreiche die Informationen im Text mit zwei Farben!
  das Aussehen der Katze   die Katzenjungen

Katzen haben ein dichtes Fell, scharfe Zähne und spitze Krallen.
Katzen können sehr gut hören. Eine Katze bringt zweimal im Jahr
vier bis sechs Junge zur Welt. Sie sind dann noch blind und taub.
Die Katzenjungen werden gesäugt. Nach etwa neun Tagen öffnen sie die
Augen. Katzen sind sehr gute Kletterer und können im Dunkeln gut sehen.

6 Schreibe die passenden Stichpunkte auf den Zettel!

Das Aussehen der Katze

Bücher, Bücher ...

Bücher unterscheiden

1 Verbinde die passenden Teile!

ein Kochbuch

> Es war einmal ein kleines Mädchen,
> das hatte jeder lieb.

ein Comic

> Tomatensuppe
> Zutaten: Tomaten, Zwiebel, ...

ein Märchenbuch

ein Kinderbuch

> Der Siebenschläfer bewohnt hauptsächlich
> Laub- und Mischwälder. Er besitzt einen
> buschigen Schwanz.

ein Sachbuch

> Die Sommerferien waren verregnet.
> Max sah wütend aus dem Fenster.
> Plötzlich klingelte ...

2 Aus welchem Buch könnte dieser Text stammen?
Schreibe den Namen auf!

Erst weiß wie Schnee,
dann grün wie Klee,
dann rot wie Blut,
schmeckt allen Kindern gut!

Malbuch

Rätselbuch

Kochbuch

 Welche Bücher liest du besonders gern?

Wörter mit ss und ß

1 Trage **ss** oder **ß** richtig ein!
Markiere die Selbstlaute davor so: lang (_) / kurz (.)!

schlie **ß** en   das Schlo **ss**

bei ⬜ en   der Bi ⬜

me ⬜ en   das Ma ⬜

flie ⬜ en   der Flu ⬜

ß steht nur nach langem Selbstlaut oder Zwielaut.

2 Setze Verben zusammen! Schreibe sie auf!

ab-   zu-

be-   schließen   an-   beißen

an-   ab-

   *abschließen*

(3 Wörter) ⬜

(3 Wörter) ⬜

3 Setze die passenden Verben aus Aufgabe 2 ein!

die Tür *abschließen*

das Fahrrad ⬜

vom Frühstücksbrot ⬜

 Finde noch weitere dieser Verben! *essen* – aber *er aß* ...

Einen Comic gestalten

1 Was passiert auf diesen Bildern? Beende den Satz!

Die geheimnisvolle Insel

Nach einer abenteuerlichen Fahrt landet Ben auf einer einsamen Insel.
Er hat Hunger.

Ben entdeckt

2 Fülle die Sprechblase und die Gedankenblase aus!

3 Wie könnte die Begegnung mit dem **Girazedil** enden? Gestalte weiter!

⭐ Welche exotischen Tiere möchtest du treffen?

SF S.114

Ideen für Geschichten sammeln

1 Zeichne dein Tier! Gib ihm einen Namen!

NASGUFANT   PATIMEL

2 Sortiere die Wörter richtig ein!

dünn • Mücken • im Körbchen • lachen • lustig • Milchreis • riesig
klettern • Himbeereis • im Mauseloch • Sandburgen bauen

Was frisst das Tier?

Himbeereis,

Wie sieht es aus?

riesig,

Wo schläft es?

im Mauseloch,

Was wollt ihr zusammen machen?

Sandburgen
bauen,

⭐ Erzähle oder schreibe dein Inselabenteuer auf!

Im Sommer

Tabellen lesen und verstehen

1 Fülle die Lücke in der Tabelle aus! Beantworte die Fragen!

Uhrzeit	10 Uhr	12 Uhr	14 Uhr	16 Uhr
Wetter	(bewölkt)	(wolkig)		(Gewitter)
Lufttemperatur	24°C	28°C	30°C	32°C

bewölkt
wolkig
sonnig
Gewitter

Um 14 Uhr ist es sonnig.

Um welche Zeit ist es bewölkt?   *um 10 Uhr*

Wie warm ist es um 14 Uhr?

Wie ist das Wetter um 12 Uhr?

Wann ist es am kältesten?

2 Lies in der Tabelle nach! Trage die Temperaturen ein!

Leon badet im Schwimmerbecken bei *22°C*.

Wasserbecken

Nichtschwimmer	27°C
Springer	24°C
Schwimmer	22°C
Wellen	25°C

Im Wellenbecken sind _____.

Im Becken für Nichtschwimmer badet

die kleine Anna bei _____. Im Springerbecken ist es _____ warm.

 Was tust du im Freibad am liebsten?

Adjektive mit -ig, -lich, -isch

1 Ordne die Wörter richtig in die Tabelle!

Regen regnen schmutzig stürmisch Schmutz schrecklich Sturm hungern

Substantive	Verben	Adjektive
Regen	*regnen*	*regnerisch*
Schreck	*erschrecken*	
	stürmen	
Hunger		*hungrig*
	verschmutzen	

2 Setze die Adjektive aus dem Kasten richtig ein!

[_____] ein [_____] Tag

[_____] der [_____] Himmel

[_____] ein [_____] Apfel

[_____] der [_____] Wanderweg

madig
felsig
sonnig
wolkig

 Bilde einen Satz mit den Wörtern **hungrige Spatzen**!

Sommerferienwünsche

1 Lies das Treppengedicht!
Zähle die Adjektive in jeder Zeile! Schreibe die Anzahl dahinter!

Pony

schwarzes Pony ☐
weiches, schwarzes Pony ☐
kleines, weiches, schwarzes Pony ☐

2 Wähle ein Substantiv und drei passende Adjektive aus!

| Ferien |
| Sommer |

heiß • lang • lustig • fröhlich • warm • sonnig • spaßig

Mein Substantiv:

Adjektive:

3 Schreibe dein Treppengedicht auf und gestalte es!

⭐ Warum ist nicht jeder Wunsch erfüllbar?

© 2016 Cornelsen Schulverlage GmbH, Berlin
Alle Rechte vorbehalten.

Wörter mit aa, ee, oo

1 Verbinde die passenden Teile! Schreibe die Lösungswörter auf!

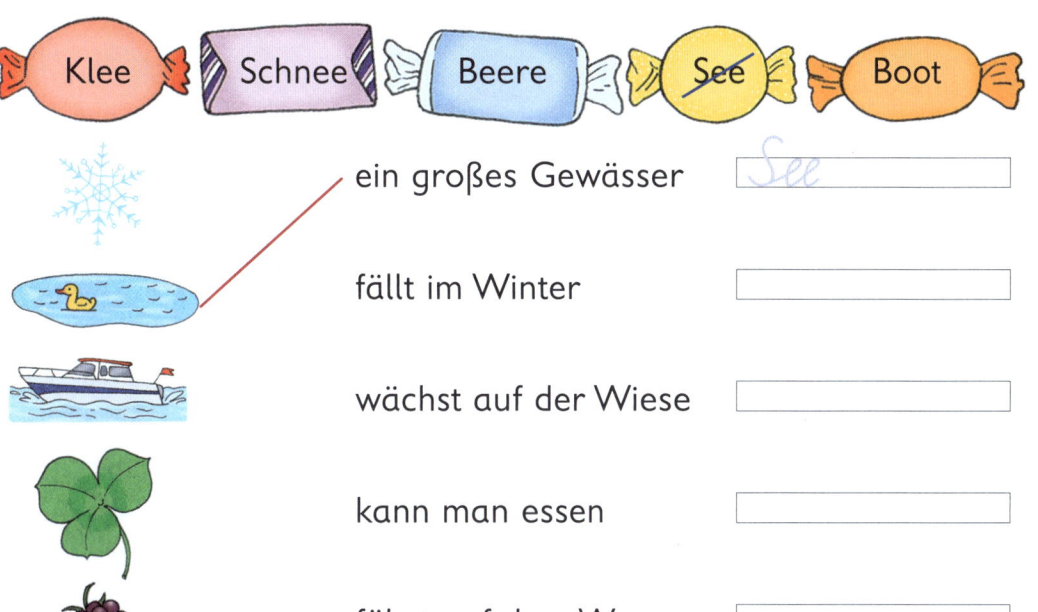

ein großes Gewässer	*See*	
fällt im Winter		
wächst auf der Wiese		
kann man essen		
fährt auf dem Wasser		

2 **Paar** oder **paar**? Setze richtig ein!

Paar • ~~paar~~ • paar • Paar • paar • Paar

ein *paar* Kinder

ein ☐ Schwimmflossen

ein ☐ Badeschuhe

ein ☐ Getränke

ein ☐ Muscheln

ein ☐ Socken

Sind es
nur zwei, eilt das
große **P** herbei!

 Findest du Wörter mit **ii**?

Auf in
Klasse 4!

Bist du fit?

Am letzten Sonntag durften wir im Baumhaus schlafen.

Das war für uns sehr [＿＿＿＿＿＿＿＿＿＿].

Keiner von uns war [＿＿＿＿＿＿＿＿].

Zuerst erzählten wir uns [＿＿＿＿＿＿] Geschichten.

Spät am Abend wurde es auf dem Baum ganz [＿＿＿＿＿].

Am Morgen war es schon wieder [＿＿＿＿＿].

Abenteuer

Angst

Witz

Ruhe

Sonne

1 Schreibe passende Adjektive in die Lücken!
Die Substantive im Kasten helfen dir!

2 Trage **ss** oder **ß** in die Lücken ein!

bei[ ]en • die Stra[ ]e • e[ ]en • grü[ ]en

sü[ ] • verge[ ]en

3 Schreibe die fehlenden Verbformen auf!

Grundform	Präsens	Präteritum
[＿＿＿＿]	*er beißt*	*er biss*
essen	*er*	*er aß*
grüßen	*er*	*er*
[＿＿＿＿]	*er vergisst*	*er*

Liebe Lehrerinnen und Lehrer,

die bundesweiten Vergleichsarbeiten (VERA) zur Lernstandserhebung sind in der Grundschule mittlerweile zu einem festen Bestandteil geworden. Sie werden jährlich gegen Ende der dritten Klasse durchgeführt und sollen das Erreichen der Bildungsstandards überprüfen sowie Hinweise zur Verbesserung der Lernleistungen und für die Weiterentwicklung des Unterrichts geben. Dazu gehört auch die Verbesserung der Diagnosegenauigkeit.

Sich über einen längeren Zeitraum auf Aufgaben zu konzentrieren, ist für viele Schülerinnen und Schüler ungewohnt und anstrengend. Das gilt auch für die Erfahrung, unter Zeitdruck zahlreiche, zum Teil noch unbekannte Aufgabenformate ohne Hilfsmittel bearbeiten zu müssen.

Mit den vorliegenden Lernstandserhebungen möchten wir Ihre Schülerinnen und Schüler und Sie selbst unterstützen:

- Den Schülerinnen und Schülern sollen die Lernstandserhebungen helfen, sich mit sorgfältig ausgewählten Aufgaben, wie sie auch in den Vergleichsarbeiten verwendet werden, **auf die ungewohnte Testsituation vorzubereiten**. Möglicherweise vorhandene Ängste können so abgebaut und es kann Sicherheit gegenüber der zukünftigen Testsituation gewonnen werden.

- Bei Ihrer **täglichen förderdiagnostischen Arbeit** sollen die Lernstandserhebungen Sie unterstützen und dabei helfen, aktuelle Lernstände und vorhandene Kompetenzen Ihrer Schülerinnen und Schüler in den verschiedenen inhaltlichen Bereichen einzuschätzen und den individuellen förderdiagnostischen Bedarf zu ermitteln.

Die Aufgaben sind an den KMK Bildungsstandards sowie den Lehr- und Bildungsplänen der Bundesländer orientiert und fokussieren die dort beschriebenen Lernziele und zu erreichenden Kompetenzen.

Im **Auswertungsbogen** werden neben den **Aufgabenlösungen** das jeweilige **Niveau** der Aufgabe sowie die jeweils fokussierten **Fähigkeiten, Fertigkeiten und Kenntnisse** beschrieben, die zur Aufgabenbewältigung im Wesentlichen benötigt werden.

In Anlehnung an die drei in den KMK Bildungsstandards angeführten Anforderungsbereiche „Wiedergeben", „Zusammenhänge herstellen" sowie „Reflektieren und beurteilen" (vgl. Bildungsstandards im Fach Deutsch für den Primarbereich, Beschluss vom 15. 10. 2004, S. 17) und die VERA-Fähigkeitsniveaus 1–3 (vgl. VERA, Hinweise zur Weiterarbeit, Erläuterungen zu den Deutschaufgaben 2009, S. 2) sind den Aufgaben der vorliegenden Lernstandserhebungen drei Niveaustufen zugeordnet, die entsprechend *grundlegende, erweiterte* und *fortgeschrittene* Fähigkeiten erfordern.

Niveau 1: „Wiedergeben" → erfordert grundlegende Fähigkeiten

Das Lösen der Aufgabe erfordert die Wiedergabe bekannter Informationen und die Anwendung grundlegender Verfahren und Routinen.

Niveau 2: „Zusammenhänge herstellen" → erfordert erweiterte Fähigkeiten

Das Lösen der Aufgabe erfordert das Erkennen von Zusammenhängen, das Verknüpfen von Informationen sowie das Anwenden erworbenen Wissens und bekannter Methoden.

Niveau 3: „Verallgemeinern, reflektieren und beurteilen" → erfordert fortgeschrittene Fähigkeiten

Das Lösen der Aufgabe erfordert den Umgang auch mit neuen Sachverhalten und das Entwickeln eigenständiger Beurteilungs- und Lösungsansätze.

Der Auswertungsbogen der Lernstandserhebungen bietet darüber hinaus Platz für Ihre **Beobachtungen und Notizen** zur Einschätzung des jeweiligen Lernstandes des Kindes im Rahmen Ihrer förderdiagnostischen Arbeit.

Den Schülerinnen und Schülern ermöglicht ein einfaches Smiley-System auf den Testseiten die **Selbsteinschätzung** und schafft so eine Basis zur Reflexion des eigenen Lernstandes. Gemeinsam mit dem Kind können anschließend die Ergebnisse aus der Selbsteinschätzung und Ihre Einschätzungen aus dem Auswertungsbogen in einem förderdiagnostischen Gespräch zu einem Gesamtbild zusammengefügt und Lernziele sowie nächste Lernschritte vereinbart werden. Dabei kann es im Sinne einer dialogisch orientierten Förderdiagnostik sehr aufschlussreich sein, nach Lösungswegen und Erklärungen bei falsch gelösten Aufgaben zu fragen, um Einblicke in die Denkwege Ihrer Schülerinnen und Schüler bei der Lösung einer Aufgabe zu bekommen.

Die Lernstandsseiten erheben nicht den Anspruch, eine kontinuierliche Beobachtung und Dokumentation des Lernverlaufs sowie förderdiagnostische Maßnahmen zu ersetzen. Sie können aber einen wichtigen Beitrag zu Ihrer alltäglichen förderdiagnostischen Arbeit leisten.

Ihr Cornelsen Verlag

Erarbeitet von:	Rüdiger-Philipp Rackwitz
Redaktion:	Birgit Waberski
Illustrationen:	Gabriele Heinisch
Layout und technische Umsetzung:	Birgit Riemelt, Panketal

Liebe Schülerin, lieber Schüler,

mit diesen Aufgaben kannst du herausfinden, was du schon gut kannst
und was du noch üben solltest.

Bearbeite die Aufgabenblätter so:
1. Schreibe deinen Namen und das Datum oben auf jedes Blatt.
2. Lies dir die Aufgabe in Ruhe durch.
3. Bearbeite die Aufgabe.
4. Wenn du bei einer Aufgabe nicht weiterkommst,
   mache bei der nächsten weiter und versuche es später noch einmal.
   Du kannst auch jemanden um Hilfe fragen.
5. Wenn du eine Aufgabe bearbeitet hast, kreuze an,
   wie leicht oder wie schwierig du sie findest:

   Diese Aufgabe
   ☺ kann ich gut lösen
   ☺ kann ich nur zum Teil lösen
   ☹ kann ich gar nicht lösen

Es gibt verschiedene Aufgabenarten:
Bei manchen Aufgaben sollst du die richtige Antwort ankreuzen.
Beispiel: Was hängt in der Schule? Kreuze an.

☐ Waffel   ☒ Tafel   ☐ Tante

Meistens ist nur eine Antwort richtig. Wenn mehrere Antworten richtig sind,
steht in der Aufgabe „Kreuze **alle** richtigen Antworten an."

Bei manchen Aufgaben sollst du etwas in einem Text **unterstreichen**
oder ein falsches Wort **durchstreichen**.

Beispiele: Wort   ~~Wort~~

Bei manchen Aufgaben sollst du die Antwort **aufschreiben**.
Bei Aufgaben mit einer kurzen Schreiblinie reicht es, ein oder zwei Wörter
aufzuschreiben. Bei längeren Linien solltest du einen oder mehrere Sätze
schreiben.

Viel Spaß und viel Erfolg!

Wie ist mein Ergebnis?

1 Ordne die Wörter nach dem Alphabet und schreibe sie in der richtigen Reihenfolge auf.

Tante	Tinte	Teller	Tulpe	Tonne

2 Finde die Sätze. Trage nach jedem Satz ein passendes Satzzeichen ein: . ! ?

Achtung hier musst du genau hinsehen welche Wörter bilden einen Satz pass gut auf so schwer ist es nicht hast du alle Sätze gefunden

3 Schreibe den Text mit den Satzzeichen ab. Worauf musst du am Satzanfang achten?

4 Unterstreiche alle Adjektive.

Ein braunes Eichhörnchen sammelt Vorräte

für den kalten Winter. Es versteckt kleine Nüsse

und runde Eicheln in dunklen Baumhöhlen

und unter dicken Wurzeln.

Wenn es im Winter Hunger hat,

holt es die Nahrung wieder

aus den Verstecken.

5 Schreibe alle Adjektive aus dem Text
mit dem dazugehörenden Substantiv/Nomen
in der Einzahl auf. Verwende den richtigen Artikel.

das braune Eichhörnchen

6 Welcher Satz steht in der Vergangenheit? Kreuze an.

☐ Die Sonne scheint.

☐ Morgen wird es regnen.

☐ Hans ging auf den Spielplatz.

☺ kann ich gut lösen   😐 kann ich nur zum Teil lösen   ☹ kann ich gar nicht lösen

7 Bilde passende Adjektive zu den Substantiven/Nomen.

der Schmutz – *schmutzig*

der Ärger – _____

die Eile – _____

der Hunger – _____

der Freund – _____

der Zorn – _____

8 Verbinde die Wörter mit dem gleichen Wortstamm.

dunkel ■   ■ die Trage

trägt ■   ■ die Drehung

schnell ■   ■ die Schnelligkeit

dreht ■   ■ die Dunkelheit

9 Schreibe die Verben in der Grundform auf.

es wächst – _____

sie ging – _____

es schneit – _____

er fuhr – _____

es klang – _____

Gut gemacht! Jetzt hast du alles geschafft!

1 Wortarten: In jedem Kasten gehört ein Wort nicht dazu.
Streiche es durch.

| fliegt | niesen | blühte | fröhlich | trinken |

| kalt | hoch | scheint | offen | lang |

2 Schreibe den Text ab. Setze dabei die Verben in die Vergangenheitsform.

Luca, Jarno und Lilli fahren zum See.
Erst schwimmen sie eine Runde, dann spielen sie Fußball.
Anschließend holen sie sich ein Eis am Kiosk.
Mit dem Fahrrad geht es ab nach Hause.

Wie ist mein Ergebnis?

☺ 😐 ☹

3   Aus welchen Wörtern sind diese Substantive/Nomen zusammengesetzt? Schreibe die Wörter auf.

der Schreibtisch

| *schreiben* | + | *der Tisch* |

das Schwimmbad

| | + | |

die Lesebrille

| | + | |

der Wandertag

| | + | |

das Schlafzimmer

| | + | |

☺ 😐 ☹

4   Finde die sechs Substantive/Nomen und schreibe sie mit ihrem Artikel auf.

WARTEN   SONNIG   FRÜHLING   ÖFFNET   DOSE

ÄRGERN   KLEID   WÜTEND   SCHREIT   FELD

BUNT   KAUFTE   GRÜN   KREIDE   BRIEF   SCHNEITE

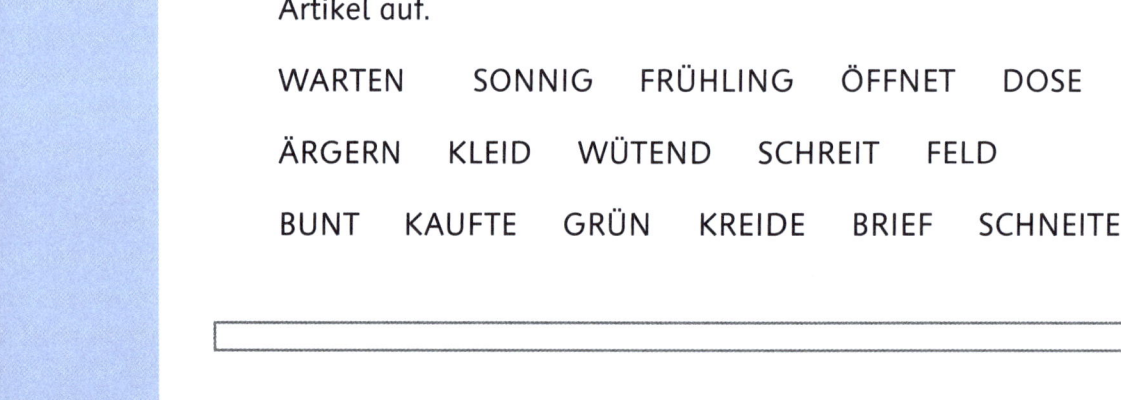

☺ ☺ ☹

5 Ersetze die unterstrichenen Wörter durch ein passendes Verb.

| flüstern | kritzeln | quatschen | kreisen | zeichnen | gleiten |

Ein Adler fliegt am Himmel.

[_____]

Franziska malt ein Bild.

[_____]

Alex redet mit Lea.

[_____]

6 Steigere die Adjektive.

☺ ☺ ☹

kühl, *kühler, am kühlsten*

stark, [_____]

heiß, [_____]

scharf, [_____]

häufig, [_____]

Gut gemacht! Jetzt hast du alles geschafft.

☺ kann ich gut lösen   ☺ kann ich nur zum Teil lösen   ☹ kann ich gar nicht lösen

1 Ein Wort passt nicht. Streiche es durch.

die	das	von	ein	der	eine

2 Setze die Adjektive in der richtigen Form ein.

Melissa ist 9 Jahre alt. Sie ist 2 Jahre ⬚ (alt) als

ihr ⬚ (klein) Bruder Max. Am Wochenende

besuchen die beiden ihre Großeltern. Sie wohnen in einem Dorf,

auf einem ⬚ (groß) Bauernhof. Dort gibt es

⬚ (viel) Tiere und nur ⬚ (wenig) Verkehr.

Die Luft ist viel ⬚ (frisch) als in der Stadt.

Wenn Melissa und Max zu Besuch kommen, bäckt ihre Oma

immer einen ⬚ (süß) Blaubeerkuchen.

Am ⬚ (schön) ist es, wenn ihnen Opa am Abend

noch eine ⬚ (spannend) Geschichte erzählt,

bevor sie einschlafen.

3 Unterstreiche in jedem Satz das Subjekt (den Satzgegenstand).
Schreibe die Frage nach dem Subjekt (Satzgegenstand) darunter.

Melissa ist 9 Jahre alt.

Oma wohnt auf einem Bauernhof.

Opa erzählt eine Geschichte.

4 Unterstreiche in jedem Satz das Prädikat (die Satzaussage).
Schreibe die Frage nach dem Prädikat (der Satzaussage) darunter.

Oma stellt einen Kuchen auf den Tisch.

Melissa und Max schlafen.

Sie besuchen ihre Großeltern.

😊 kann ich gut lösen   😐 kann ich nur zum Teil lösen   ☹ kann ich gar nicht lösen

5 Setze die passenden Personalpronomen ein.
Du kannst sie mehrfach verwenden.

| ich | er | sie | es | wir | ihr |

Max ist 7 Jahre alt. [＿＿＿＿] hat eine ältere Schwester.

[＿＿＿＿] heißt Melissa. Melissa und Max freuen sich,

denn [＿＿＿＿] besuchen ihre Großeltern. Ihre Großeltern

wohnen in einem Bauernhaus. [＿＿＿＿] steht in einem Dorf.

Opa fragt die beiden: „Wollt [＿＿＿＿] mir helfen, die Tiere

zu füttern?" „Au ja, [＿＿＿＿] helfen dir gerne!", antwortet Melissa.

Max sagt: „[＿＿＿＿] möchte bitte die Hühner füttern."

6 Wortfamilien: Ergänze die Tabelle.

Substantiv/Nomen	Verb	Adjektiv
der Schlaf		schläfrig
	regnen	
		stürmisch
das Salz		
		feierlich

Gut gemacht! Jetzt hast du alles geschafft!

 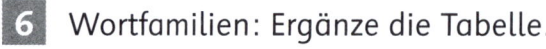

Auswertungsbogen Lernstandserhebungen Deutsch Sprache, Klasse 3

Name: _____   Klasse: _____

durchgeführt am _____

Lernstandserhebung 1

Aufgabe	Niveau	Fähigkeiten, Fertigkeiten und Kenntnisse	Lösungen	Beobachtungen und Notizen
1	1	• Kenntnis des Alphabets • Wörter nach dem Alphabet sortieren • Sortierregeln kennen und anwenden	Tante, Teller, Tinte, Tonne, Tulpe	
2 bis 3	2, 3	• Sätze als Sinneinheit erkennen und abgrenzen • sinnvolle Sätze bilden • Satzzeichen (. ! ?) setzen • Großschreibung am Satzanfang	Achtung! Hier musst du genau hinsehen. Welche Wörter bilden einen Satz? Pass gut auf! So schwer ist es nicht. Hast du alle Sätze gefunden?	
4	1, 2	• Wortart Adjektiv kennen, bestimmen und unterscheiden	braunes, kalten, kleine, runde, dunklen, dicken	
5	2	• bestimmte und unbestimmte Artikel unterscheiden • Geschlecht des Substantivs/Nomens kennen und Artikel zuordnen • aus der Mehrzahl die Einzahl bilden • Deklination von Adjektiven (Nominativ Singular) • fehlerfrei abschreiben	der kalte Winter die kleine Nuss die runde Eichel die dunkle Baumhöhle die dicke Wurzel	
6	2	• Zeitformen kennen, unterscheiden und bestimmen (Vergangenheit)	Hans ging auf den Spielplatz.	
7	2, 3	• Prinzip der Wortfamilie und des Wortstammes kennen • Wortbildungsprozesse kennen • Adjektive durch Ableitung mit den Wortbausteinen -ig oder -lich bilden	ärgerlich eilig hungrig freundlich zornig	
8	2, 3	• Prinzip der Wortfamilie und des Wortstammes kennen • Grundform und Wortstamm von Verben bestimmen • Wörter gleicher Wortfamilien erkennen und zuordnen	dunkel – die Dunkelheit trägt – die Trage schnell – die Schnelligkeit dreht – die Drehung	

Auswertungsbogen Lernstandserhebungen Deutsch   Sprache, Klasse 3   Name: _____   Klasse: _____

Lernstandserhebung 1

durchgeführt am _____

Aufgabe	Niveau	Fähigkeiten, Fertigkeiten und Kenntnisse	Lösungen	Beobachtungen und Notizen
9	1, 2	• Verben in der Personalform erkennen • Zeitformen (Gegenwart, Vergangenheit) von Verben erkennen • Grundform von Verben herleiten	wachsen gehen schneien fahren klingen	

Lernstandserhebung 2

durchgeführt am _____

Aufgabe	Niveau	Fähigkeiten, Fertigkeiten und Kenntnisse	Lösungen	Beobachtungen und Notizen
1	1	• Wortart Verb in der Grundform, Personalform und Zeitform kennen, unterscheiden und bestimmen • Wortart Adjektiv kennen, unterscheiden und bestimmen	fröhlich scheint	
2	2, 3	• Personalform von schwachen und starken (regelmäßigen und unregelmäßigen) Verben in der Vergangenheit bilden	Luca, Jarno und Lilli fuhren zum See. Erst schwammen sie eine Runde, dann spielten sie Fußball. Anschließend holten sie sich ein Eis am Kiosk. Mit dem Fahrrad ging es ab nach Hause.	
3	2	• Wortbildungsprozesse kennen • Wortbildung aus Verb + Substantiv/Nomen kennen • zusammengesetzte Substantive/Nomen analysieren • Grundform von Verben bestimmen • Geschlecht des Substantivs/Nomens kennen und Artikel zuordnen	schwimmen + das Bad lesen + die Brille wandern + der Tag schlafen + das Zimmer	

Niveaustufen: 1 = „Reproduzieren" → erfordert grundlegende Fähigkeiten   2 = „Zusammenhänge herstellen" → erfordert erweiterte Fähigkeiten   3 = „Verallgemeinern, reflektieren und beurteilen" → erfordert fortgeschrittene Fähigkeiten

Auswertungsbogen Lernstandserhebungen Deutsch Sprache, Klasse 3

Name: _____ Klasse: _____

Lernstandserhebung 2

durchgeführt am _____

Aufgabe	Niveau	Fähigkeiten, Fertigkeiten und Kenntnisse	Lösungen	Beobachtungen und Notizen
4	2, 3	• Wortarten Substantiv/Nomen, Verb (in Grundform und Personalform), Adjektiv kennen und voneinander unterscheiden	der Frühling, cie Dose, das Kleid, das Feld, die Kreide, der Brief	
5	2, 3	• Wortbedeutungen kennen • Wortfelder bestimmen • Synonyme finden • Personalformen von Verben bilden	kreist *oder* gleitet kritzelt *oder* zeichnet flüstert *oder* quatscht	
6	1, 2	• Steigerung von Adjektiven	stark, stärker, am stärksten heiß, heißer, am heißesten scharf, schärfer, am schärfsten häufig, häufiger, am häufigsten	

Lernstandserhebung 3

durchgeführt am _____

Aufgabe	Niveau	Fähigkeiten, Fertigkeiten und Kenntnisse	Lösungen	Beobachtungen und Notizen
1	1	• bestimmte und unbestimmte Artikel kennen und unterscheiden • Artikel von Präposition unterscheiden	von	

Niveaustufen: **1** = „Reproduzieren" → erfordert grundlegende Fähigkeiten   **2** = „Zusammenhänge herstellen" → erfordert erweiterte Fähigkeiten   **3** = „Verallgemeinern, reflektieren und beurteilen" → erfordert fortgeschrittene Fähigkeiten

Auswertungsbogen Lernstandserhebungen Deutsch Sprache, Klasse 3

Name: _____   Klasse: _____

Lernstandserhebung 3

durchgeführt am _____

Aufgabe	Niveau	Fähigkeiten, Fertigkeiten und Kenntnisse	Lösungen	Beobachtungen und Notizen
2	2, 3	• deklinierte Adjektive einsetzen • Steigerungsform von Adjektiven in Abhängigkeit vom Kontext einsetzen	älter kleiner großen viele wenig frischer süßen schönsten spannende	
3	1, 2	• Subjekt (Satzgegenstand) bestimmen • Nach dem Subjekt (Satzgegenstand) fragen	Melissa – Wer ist 9 Jahre alt? Oma – Wer wohnt auf einem Bauernhof? Opa – Wer erzählt eine Geschichte?	
4	1, 2	• Prädikat (Satzaussage) bestimmen • Nach dem Prädikat (der Satzaussage) fragen	stellt – Was macht Oma? schlafen – Was machen Melissa und Max? besuchen – Was machen sie?	
5	2, 3	• Personalpronomen kennen und in Abhängigkeit vom Kontext einsetzen • Großschreibung am Satzanfang	Er, Sie, sie, Es, ihr, wir, Ich	
6	2, 3	• Prinzip der Wortfamilie und des Wortstammes kennen • Wortbildungsprozesse kennen • Grundform von Verben kennen oder herleiten • Substantive/Nomen kennen oder herleiten • Geschlecht des Substantivs/Nomens kennen und Artikel zuordnen • Adjektive durch Ableitung mit den Wortbausteinen -ig, -lich, -isch bilden	der Schlaf – schlafen – schläfrig der Regen – regnen – regnerisch der Sturm – stürmen – stürmisch das Salz – salzen – salzig die Feier – feiern – feierlich	

Niveaustufen: 1 = „Reproduzieren" → erfordert grundlegende Fähigkeiten   2 = „Zusammenhänge herstellen" → erfordert erweiterte Fähigkeiten   3 = „Verallgemeinern, reflektieren und beurteilen" → erfordert fortgeschrittene Fähigkeiten

4 Setze **Paar** oder **paar** richtig ein!

ein [＿＿＿＿＿] Schwimmflossen

ein [＿＿＿＿＿] Muscheln

ein [＿＿＿＿＿] Federbälle

ein [＿＿＿＿＿] Turnschuhe

5 Lies genau! Fülle die Lücken im Text aus!

	Montag	Dienstag	Mittwoch
morgens			
mittags			
abends			

- bewölkt
- wolkig
- sonnig
- Gewitter

Am Dienstag ist es morgens [＿＿＿＿＿].

Ein Gewitter kann am [＿＿＿＿＿] kommen.

Am [＿＿＿＿＿] ist es den ganzen Tag bewölkt.

Am Mittwoch ist es mittags [＿＿＿＿＿].

6 Schreibe einen Wunsch für die Sommerferien auf! Begründe ihn!
Schreibe Sätze!

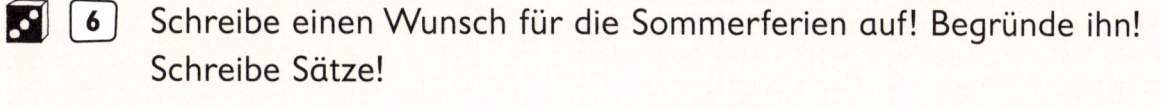

Sprach*freunde* 3

Arbeitsheft Fördern

Ausgabe Süd

Erarbeitet von

Katrin Junghänel, Susanne Kelch und Andrea Knöfler

Unter Einbeziehung der Ausgabe von

Susanne Kelch, Andrea Knöfler, Heike Schindler und
Heike Wessel

Unter Beratung von

Carmen Blätter (Schöneiche)

Dagmar Diewald (Rositz)

Melanie Föhrigen (Dessau)

Jenny Glase (Berlin)

Heike Redel (Berlin)

Kerstin Wehlend (Biederitz)

Redaktion: Christina Nier

Illustration: Katja Wehner, Uta Bettzieche (Hund und
Detektiv)

Umschlaggestaltung: tritopp Berlin; Uta Bettzieche,
Barbara Schumann

Layout und technische Umsetzung: tritopp, Berlin

www.vwv.de

Alle Drucke dieser Auflage sind inhaltlich unverändert und können im
Unterricht nebeneinander verwendet werden.

1. Auflage, 4. Druck 2024

© 2016 Cornelsen Schulverlage GmbH, Berlin
© 2019 Cornelsen Verlag GmbH, Berlin

Druck: Drukarnia Dimograf Sp. z o.o., Bielsko-Biala

ISBN 978-3-06-083658-1